U0046896

passion

of the books, by the books, for the books

Colors of Rhymes

五色韻母

張隆溪 Zhang Longxi

a

e

i

u

o

A noir, E blanc, I rouge, U vert, O bleu: voyelles, Je dirai quelque jour vos naissances latentes.

A黑色，E白色，I紅色，U綠色，O藍色：韻母啊，有一天，我會講述你們隱秘的誕生。亞瑟・韓波（Arthur Rimbaud）

張隆溪看人生與品味

香港城市大學的張隆溪教授，對比較文學和跨文化的研究，十分深刻，寫了許多專著。身爲一個認識他多年的出版人，知道即使和他平常聊天也那麼逸趣横飛，則一直另想做一件事情。那就是怎麼編一本書，把他介紹給校園以及學術界以外的一般讀者，讓大家可以聽他敍述一遍自己的人生旅程，怎麼從文革時期四川的一個山溝裡，最後得以進了北大，親炙朱光潛、錢鍾書等大師，又學成於哈佛。

這段神奇的旅程，始於他自修的兩本書。在一個黑暗年代的破落山村裡，兩本書爲他打開了人生最美妙的窗户。凡是相信閱讀力量的人，看了他的旅程，應該都會深有所感。

另外，爲了使不是專門研究比較學和跨文化的人，也能對這個領域有些入門的認識，所以這本書裡也特別請他挑了幾篇這方面的介紹，並編輯了他一些很生動的「片語」文章。

我曾經在《他們說》一書中，對張隆溪做過有關「品味」的一篇訪談。這篇訪談的一部份摘錄也放在這裡，希望有助於讀者對他有更多一些認識。

○郝明義　◎張隆溪

○台灣近年來的許多混亂狀況，與其說是什麼政治與法律問題，我覺得倒更像是一些涉及「品味」的問題。「品味」可以如何定義？

◎Taste，品味，或是說趣味這個東西，基本上就是一種典範或者規範，本來就帶著超出一般層次的意味，代表一種比較高、比較精緻的東西。所以，文化的趣味，原來和貴族有關係。譬如食品。要講究味道，吃得精緻、獨特，這在過去的時代，就不是一般人能企及的事情。因此，品味總帶著某種貴族氣息，超乎生存溫飽的基本需求，而具有文化的意義。

近代中產階級剛剛開始出現的時候，一些新富有了錢，就會附庸風雅，但是卻沒有品味。莫里哀《貴人迷》中那個想做貴族的資產者儒爾當先生，正是一個典型的寫照。儒爾當先生找人教他文學，才聽說有詩和散文兩種，押韻的是詩，不押韻的就是散文。他不禁大爲感慨說：「噢，不押韻的就是散文啊，我居然不知道，我已經講了幾十年的散文啊。」笑話歸笑話，不過我們從這個寫照裡，仍然可以看出，起碼這些儒爾當先生們，願意承認貴族在生活的品味上比他們高，也願意去追求一種社會公認的品味。

後來，品味的帶動者不侷限於貴族了，但不論怎麼說，品味的本質，就在把一些事情和行爲，做出非常細緻、精緻的層次與區分。就算你到不了某個層次，起碼你會承認有那個層次，而自己心嚮往之。這就是品味的意義與作用。

○ 所以，所謂沒有品味，就是社會裡的事情和行爲，分不出那麼多層次，而大家看不到比自己高的那個層次，當然也就不會心嚮往之。

◎ 是。不過，從二十世紀中葉的後現代主義興起後，「品味」是個要被打破的議題及對象。所以「品味」本來就是全世界都不大談的東西了。不過，物極必反，今天應該是我們重新看待「品味」的時候了。

科學主義在破壞，後現代主義不要談

○ 這個脈絡是怎麼出現的？

◎ 爲什麼會形成這種情況，話得先說遠一點。

以西方來說，taste，我們說品味或趣味的這件事，尤其在理論闡述上，主要形成於十七、十八世紀。爲什麼是形成於這個時間，則又要往前看到十五世紀，甚至十三世紀。

中世紀的思想，把任何東西都看作是一個sign，即符號，每個符號背後都有上帝的旨意，所以把自然視爲表現上帝創造和榮耀的所謂「上帝之書」，萬事萬物都有隱祕的精神意義。這就是中世紀的精神象徵主義（spiritual symbolism）。

但是到了十三世紀，由於亞里士多德的著作翻譯成拉丁文，當時提出了信仰和理性如何調和的問題。神學家托瑪斯．阿奎那深入研究亞里士多德，提出了劃時代的觀點。他認爲：一，自然本身有本體存在的意義，而不是精神象徵的意義；二，只承認舊約裡講的歷史代表一種精神意義，而這種精神意義不及於人類的一般歷史。這就啓發了自然主義（naturalism）。

自然主義不只可以說是爲其後兩百年的文藝復興打下了一個理論基礎，也可以說由此開始，西方人從「上帝面前，人人平等」的觀念，轉而有了「眞理面前，人人平等」的觀念。

這個思想脈絡，歷經文藝復興而到十七、十八世紀的時候，終於確立了西方崇尙理性與規範的一個傳統。

法國路易十八時代掌握大權的紅衣主機黎希留，在一六三五年建立了法國科學院，一個主要任務就是訂立語言的規範。十七世紀，英國也成立了皇家學會。在十八世紀，約翰生博士（Dr. Samuel Johnson）編了第一部英語字典。從義大利到法國，歐洲各地的沙龍興起，討論文學，建立藝術的審美觀念。約翰生博士在倫敦文人圈子裡很有聲望，對於決定當時社會上的文化品味，就起過相當重要的作用。這種種都在說明，社會大衆希望擺脫以前的「野蠻」，相對於過去，有信心也有修養，樂於接受另外一些有修養的人的指導或薰陶。

細分起來，這裡說的「另外一些人」，其實可以分爲兩種人。

第一種人，是貴族。貴族在品味這件事情上的作用，我前面已經講過了。

另一種人，則是新生的知識份子。在那個時代，這些知識份子的特色，就是立足於理性思考加上知識系統，來建立他們的道德、美學以及哲學思想的體系。他們舉辦或參加的沙龍，正好提供了他們散播影響力的場所。

一個社會，不論願意受貴族，還是受知識份子的影響，都說明這個社會裡的大衆，願意承認社會裡比較高層次的生活與文化品味的存在，願意接受這些品味成爲一種「典範」或「規範」來影響自己。所以十七、十八世紀歐洲的品味，可以說是由知識份子與貴族所代表的「理性」與「典範」所形成。

○ 很古典的定義。

◎ 到了十九與二十世紀，正好是一個要打破貴族及階級的時代，也是大家對上層，對精英，逐漸採取批判態度的時代。所以品味及趣味中原先屬於貴族那個部份形成的典範，就被打破了，那種價值也就被拋棄了。從這個方面來看，這是個由規範到分散的時代。並且是對普遍性質的規範喪失信心的階段。

另一方面，由於科學主義和實證主義的興起，前個階段「理性思維」的典範，也被科學主義和實證主義取代。

馬丁·路德的宗教改革導致基督教的分裂，天主教和新教彼此對立，後來爆發了相當長期的宗教戰爭，最終造成歐洲國家社會生活的世俗化，使政教分離。這就使西方的基督教文明和伊斯蘭教文明有很大的不同。尼采宣稱上帝已經死了，而上帝死了之後，雖然有人提出以藝術或審美教育來取代宗教，可是到科學與技術上位之後，科技或者說科學方法才眞是取代了上帝。

到了十九，尤其是二十世紀上葉，一般人對科學的距離與隔閡日益拉大。懂科學的人也就逐漸有了「雖然你不懂，但是我告訴你這是爲你好的，這樣做就對了」的心理。你不了解它，又要相信它。科技系統，已經自成一種信仰。這也就是所謂的「科學主義」。

科學主義和實證主義涵蓋的範圍不只是自然科學，在社會科學的方面，顯示得尤爲透徹。從馬克思到列寧，其實都是科學主義的信奉者。恩格斯在《社會主義從空想到科學的發展》中說，馬克思發現了社會發展的規律，這個規律不以人的意志爲轉移，所以，按照他發現的規律去做，就一定能建造最好的共產主義社會。一旦宣稱是科學眞理，所有反對他的人就成爲反對科學、反對理性，於是就都沒有道理。烏托邦的危險，也就在這裡可以看得出來。

科學本來是幫我們理性思考的起因，也是結果。但是發展到科學主義，尤其是以量化的科學方法應用到社會生活各方面的地步，反而和理性思考越來越遠了。與此同時，隨著社會發展價值的多元，加上科學主義的擴張和人文精神價值的逐漸邊緣化，十七、十八世紀以貴族和知識份子的「典範」與「理性」而形成的品味，到了二十世紀，就被大幅破壞了。

進入二十世紀中葉之後，後現代主義興起，再針對前一個階段的這種科學主義所形成的規範進行批判，認爲是一種線性發展，需要再打破。

從好處看，這些過程都是社會多元化的一種發展，但是從壞處看，什麼東西都沒有了典範、規範，也就形同於沒有品味可言。所以後現代主義是不要談品味的。這就是我說全世界都很久不談品味的一個歷史背景。

○　整個二十世紀受美國的影響都很大，美國在這其中起的作用又是什麼？

◎因爲美國最強，大家都要看他，當然會受他影響。

美國示範的第一件事情，是民主。而身爲一個民主社會，美國雖然集中了一些最有品味的人，中產階級也很多，但是很多事情與行爲都比較粗糙。因而，民粹主義，以及各種低俗、媚俗的毛病都有，民主社會的好、壞，都在此。

但畢竟美國文化的根基在歐洲，民主程度又比較高，所以還好。

○我覺得就政治人物的品味而言，柯林頓就做了一個最壞的示範。他在陸文斯基案中，以各種文字與語言遊戲，躲過了法律責任，雖然成功地熬過了任期，但是想必也給全世界許許多多政治人物一個訊息：只要你硬拗，別人就拿你莫奈何。

◎品味與法律是不同的。法律是一種外在的規定，講的是rules（規則）。品味則是自覺，講的是norms（規範）。也正因爲品味是自覺的事情，如果你對是非沒有公正的認識，如果你把外在的規定和自己內在應有的自覺混爲一談，別的就不用說了。

附庸風雅不應是貶義詞

○今天破壞品味的事情，還可能有哪些？

◎如果我們承認品味是一種自覺的事情，是一種自覺生活和行爲原來是有許多層次，而又能體會到自己所在的層次。那麼就可以說，所有破壞自覺的事情，都是在破壞品味。而自覺又和思考有關，所以，也可以說，所有破壞思考、思想的事情，其實也都是在破壞品味。

○　這麼解釋很好。有些人以爲每天追蹤，或者享受最時尚的事物，就是很有品味。少了思考在支撐，那還是談不上有什麼品味。

◎　談到時尙，還應該提一下，品味涉及的另一個抽象因素，審美的藝術。審美的藝術，不像科學那樣一定與時俱進。有一定的classic（經典），而這種classic是超越空間與時間的。這和只講流行的商品是不同的，商品只是單純的線性發展，永遠是新的比舊的好，買電腦和蔬菜，都是如此。但文學，藝術卻不然。有的作品一旦達到高超的經典的程度，就在那裡，是難以超越的。

○　在你的觀察裡，今天還有哪些事情最可能破壞思考，也就是品味的？

◎　第一，我會說是網路與許多電子媒體。它們給人幾秒鐘之內就能掌握一件事情（get a point）的感覺，這是很破壞思考的。《美麗新世界》的作者赫胥黎，有一本書叫作 "*Text and Pretext*"，他那本書的序言寫得十分精彩，其中把訊息（information）和知識（knowledge）的不同，剖析得極爲精彩。今天的網路與許多電子媒體給我們的只是訊息，而不是知識，當然也就可能離思考越來越遠。

第二，我會說是一些走向基本教義派的宗教。宗教一旦走向基本教義派，就會失去和其他文明對話與理解的機會，當然也就減少思考的可能。

第三，是政治的意識型態。政治意識型態一旦掛帥，對我們思考會產生多大的破壞，中國大陸在三、四十年前發生的事情已經足爲代表。只是同樣的戲碼，今天還在以不同的樣貌在很多地方上演。

第四，我會說是科技。科技上位，取代上帝那種權威反而會產生的問題，前面已經說過，這裡不再重複。只是今天起碼在華人社會裡，大家對科技的崇拜，並沒有任何減輕的趨勢。今天台灣、香港、大陸，幾乎所有大學的校長，都是理工出身。美國也大都是如此。這就可看出一個端倪。

然而，人生的眞理，不可能是由自然科學的方法所能窮盡的。科技的作用，可以把事情量化，但很多重要的事情是沒法用科技來量化的。

以今天大學的評量方法來說好了，由於科技當道，人文學科的評量方法與自然科學相同。這就會產生很多問題。

人文，一定要看某一部份感覺，就是不能只看「量」。

所以我覺得，這種一切以科技爲主導的信仰，也就會成爲破壞我們思考作用的一種因素。

○那你從香港來觀察台灣今天的品味問題呢？

◎台灣今天最大的好處，是一個民主社會。不過民主的好處是，能照顧大多數人的利益。壞處是，往往沒法尊重少數的精英。這雖然不能說和品味一定矛盾，但確實有一定的緊張關係。

另外，民主的選舉制度，爲了爭取選票，也容易造成民粹主義。

在競選的時候，一味去迎合一般選民的要求，就造成媚俗，甚至狹隘地方主義。這種只講本地化的狹隘地方主義，英文是Parochialism。這裡的parochia即parish，指的是教區，所以也有本地或本土之義。

這麼看，我們就知道強調本地的民粹主義一定會和品味產生矛盾了。因爲，第一，民粹主義訴求的是本土意識，所以本土意識本身就容易成爲一種意識型態。不論是無產階級的意識型態，還是本土主義的意識型態，一旦意識型態主導一切，所有事情的取決標準就只剩下看你是反對我還是贊成我。品味這件事情，需要細緻的層次區分。但是意識型態主導一切的時候，只分你是贊成的還是反對的，中間什麼層次也沒有。

台灣今天一些政治人物訴諸本土主義的情況，其實和大陸四十年前訴諸無產階級意識型態的情況很類似。

第二，民粹主義就是會爲了拉攏人、爭取更多的人，而取悅低俗，不惜犧牲自己的一些價值觀。政治上固然如此，但是包括文學、藝術、傳媒等面向，也都會出現這種爲了吸引大衆，而刺激低俗的情況。

說起來，這兩者都跟民主的本質有關。民主的好處，就是能充分照顧最大多數人的利益，比較公平。但其缺陷，就是無法照顧到少數的、比較細緻的上層。

今天的華人社會太受美國的影響，美國不好的，都來了，但美國一些有傳統的優點，則還來不及在華人社會培養。

譬如，香港和台灣，都爲一些八卦、低俗的報刊當道所苦。美國不是沒有這種小報，如National Enquiry這種tabloid，但是美國同時還有《紐約時報》這種大報。而台灣和香港，卻幾乎是所有的報紙都在往這種八卦式的報紙靠攏。

○ 你對這種情況悲觀嗎？

◎ 我倒還是樂觀的。

人，終究都是想過比較好的日子，而品味就是告訴人們，什麼是好的東西。所以，在一個成熟的社會裡，一定會出現比較好的規範和品味。只是我們需要注意：一，這需要時間。二，對一些還存在的品味，不要輕易破壞。品味這個東西，要破壞是很容易的，要建立，卻很難。

○ 今天如果要重新提醒大家對品味的注意，有什麼可做的事情？

◎ 首先，我們應該認知品味的本質，也就是品味應有一定的規範性。而要認知這種品味的規範性，需要體會品味的不同的層次。要體會品味的不同層次，則需要有一種內在的自覺。而自覺，又需要思考。所以，要注意品味，首先得養成思考的習慣。不要讓這個什麼東西都來去如風的時代破壞自己思考的習慣，進而養成一個對事物體會一下再吸收的習慣。

另外，這種自覺、思考的對象，則要從衣、食、住、行的生活層面開始，再到思想、哲學、文學、藝術。各個面向都能如此自覺地思考，注意品味的層次，就可以逐漸建立品味了。

另外，十七、十八世紀時，是把社會上最高層次的一群人的品味找出來，再影響社會上的其他人。在今天這個民主，不講究階級的社會裡，這也是不能做到的。但是，可以由己而人，建立像維柯所說的SENSUS COMMUNIS，也就是大家共同一致得到的一種感覺。

所以，在某種程度上，附庸風雅是好的，不應該是貶義詞。冥頑不化才麻煩。附庸風雅起碼是一個起步，只是這個起步最好伴隨著自己的自覺，與思考。

目次

Part 1
旅程

我下鄉時，中學一位英文老師潘森林先生把抄家劫餘的兩本書送給我，一本是希臘羅馬文學的英譯，另一本是英美文學選讀。山村裡沒有電，我只有一盞用墨水瓶做的煤油燈，每天晚上就著那如豆的微光，一直讀到深夜。雖然那時候物質生活很艱苦，或許恰恰因爲物質生活艱苦，我們就完全沉浸在精神的世界裡，不僅讀文學，而且還特別喜愛哲學。……

a e i u o

錦里讀書記

離開成都二十多年了，現在回想起來，覺得那是一個文風很淳厚的地方，而那文風之厚，尤其在艱難之際越發能顯出底蘊來。記得上高小和中學的時候，常到西郊浣花溪畔的杜甫草堂去玩，喜歡背誦樓台亭閣到處可見的楹聯。在供奉杜甫塑像的工部祠前，有咸豐年間任四川學政的何紹基題的一副對聯：「錦水春風公佔卻，草堂人日我歸來。」工部祠前有幾樹臘梅，長得疏落有致，初春時分梅花盛開，或紅若胭脂，或黃如嫩玉，遠遠就可以聞到一陣幽香。所以在正月初七的人日游草堂，別有一番風味。在草堂寺，也許晚清顧復初所撰的對聯最有名：「異代不同時，問如此江山龍蜷虎臥幾詩客？先生亦流寓，有長留天地月白風清一草堂。」小時候雖然不能完全體會這對聯的意思，卻總覺得讀起來抑揚頓挫，韻味十足，也就一直記得。另外使我印象很深，後來一直不忘的是陳毅元帥在草堂的題詞，取杜工部的兩句詩：「新松恨不高千尺，惡竹應須斬萬竿。」這兩句讀來十分痛快，似乎能從中體味杜甫的沉鬱，也更能想見陳毅自己的性格。

成都南郊有紀念劉備的漢昭烈廟，可是成都人都稱之爲武侯祠，說明在人們心目中，神機妙算，而且「鞠躬盡瘁，死而後已」的諸葛亮，遠重於那位靠人扶持的劉皇叔。武侯祠的楹聯也很多，其中有集杜甫詩句的一聯：「三分割據紆籌策，萬古雲霄一羽毛。」那飄在萬古雲霄中一片羽毛的形象，實在令人難忘，讀來使人有一種莫名的感動。在諸葛亮殿看見牆上石刻的杜詩《蜀相》，尤其開頭這幾句：「丞相祠堂何處尋？錦官城外柏森森。映階碧草自春色，隔葉黃鸝空好音。」再看看庭院中的古柏，便對這些詩句有格外親切的體會。這幾句詩使我想見遠在唐代，杜甫就已在城郊去憑弔過諸葛武侯，於是覺得在這些詩句中，似乎找到了和千年以上的過去一種特殊的聯繫，而在默默感悟之中，也似乎無意間獲得了一種深厚的歷史感。其實在小時候，這些都由耳濡目染得來，渾不知歷史感爲何物，但也正因爲如此，對文史，對讀書，便自然發展出純粹的興趣。所謂純粹，就是在其本身的樂趣和價值之外，別無任何實際利害的打算。我在開頭所說淳厚的文風，就是在這種對知識的純粹興趣和追求中形成的風氣。

困苦中對知識熱烈追求

然而對於求知而言，二十世紀六十年代後期到七十年代初卻是極爲不利的一段。那時候說讀書無用好像理直氣壯，報紙上就經常有偉人宏論，說讀書越多越蠢，知識越多越反動，於是知識分子被名爲臭老九，幾乎等同於階級敵人。當時有幾個囊括一切的概念，否定了一切知識：凡中國古代屬封建主義，西方屬資本主義，蘇聯東歐屬修正主義，封資修都在破除之列，於是古今中外的文化知識無一不是毒草。我們這個具有數千年深厚文化傳統的國家，一時間好像與一切文化爲敵，要向古今中外的文化宣戰。我這個人沒有什麼地方觀念，也決不認爲四川人有什麼特別，但我很小就聽大人們說過一句話，道是「天下未亂蜀先亂，天下已治蜀後治。」可以肯定的是，對當時那種狀態，多數人是反感的。我那時候充滿了年輕人的反叛精神，對報紙上公開宣揚的讀書無用論和大肆吹捧的白卷英雄，都從心底裡反感、厭惡。我不相信杜甫那些優美而感人肺腑的詩句、莎士比亞那些深刻而動人的戲劇作品，居然是必須剷除的毒草！而且我發現在我周圍的同學朋友中，有我這樣想法的並不在少數。一位中學老師黃遵儒，在那年頭名字就犯忌，而且屬於「牛鬼蛇神」之類，於是取魯迅詩句之意改名民牛。他在學校以長於書法有名，在我們這幫學生幾乎全數下鄉之際，他用極工整的楷書抄錄兩首魯迅的詩送給我，我珍藏至今。這些詩句表達的憂悶心情，對於我們當時的情形頗為貼切。

從一九六九至一九七二在農村插隊落戶的三年裡，有許多和我一樣的知青對書本和知識，都有如飢似渴的追求。我們互相傳閱僅有的幾本書，討論一些跟當時的生活現實沒有一絲關聯的問題。我下鄉時，中學一位英文老師潘森林先生把抄家劫餘的兩本書送給我，一本是希臘羅馬文學的英譯，另一本是英美文學選讀。山村裡沒有電，我只有一盞用墨水瓶做的煤油燈，每天晚上就著那如豆的微光，一直讀到深夜。雖然那時候物質生活很艱苦，或許恰恰因為物質生活艱苦，我們就完全沉浸在精神的世界裡，不僅讀文學，而且還特別喜愛哲學。知青們為了思想的交流，相隔再遠，也要時常來往。記得一位綽號叫野貓的朋友為了來交談，到晚上一定要約我和他趕夜路騎車到另一個生產隊去，可是在鄉間伸手不見五指的黑夜裡絆倒，人從自行車上摔下來，門牙被磕斷了兩顆。我一直為此感到內疚，可是在那艱難的歲月裡，為了一夕清談，好像什麼都值得。記得曾與一位比我年稍長的朋友陳晶通信，每封信都寫好幾頁。我們談文學、美學和哲學，談普希金和托爾斯泰，談雪萊和華茲華斯，談魯迅和林語堂，也談柏拉圖、亞里士多德和黑格爾。我們那時候的談論也許並非沒有一點深度，而那份眞摯和熱忱更是絕對純粹的。「嚶其鳴兮，求其友聲。」記得陳晶寫來的第一封信，就引了《小雅．伐木》裡這古老的詩句，正可以道出我們那時候的心情。

在鄉下的知青生活，看似單純，卻又很複雜。我們看見農村的貧困，農民生活的艱苦，既有深切的同情，卻又因爲落戶在此，身處其中，而且是到農村來接受「再教育」，所以不是也不可能是那種居高臨下式的同情，而不過是自憐而憐人。又因爲身不由己，不知將來會如何，完全不能把握自己的命運，所以隨時有受困而無奈的感覺。那種困境不只是物質的匱乏，更是精神的枯竭。身邊貧乏困苦的現實和無盡的精神追求之間的脫節，可以說是知青生活最大的特點，不知有多少痛苦，多少悲劇和喜劇，都從這裡發生。不過那時候我們畢竟年輕，有旺盛的生命力，更有壓抑不住的精神。和我一道下鄉的同學，都各有自己的愛好和特點。其中一位叫謝洪，後來進了中央戲劇學院，成爲電影導演，但在那時候他無法施展自己的表演才能，幾乎把鄉下的生活變成舞台，隨時顯得很有戲劇性。我的好友張愛和極有音樂才能，現在參與編輯一本和音樂有關的雜誌。在鄉下，他拉起手風琴來，那悠揚的樂聲好像可以使我們拋開身邊的煩惱，進入另一個美好的時空和世界。我那時有一本奧地利作家斐利克斯．薩爾騰（Felix Salten）的名著《小鹿斑比》，我把它譯成中文，由謝洪用戲劇演員的腔調來朗誦，那傷感而帶哲理的故事，讓大家聽了時常感動不已。回想那些艱難的歲月，在困苦中仍然有對知識的熱烈追求，在貧乏中仍然有精神的慰藉，既有痛苦，也有歡笑，實在永遠也不會忘記。

一首譯詩打開書籍寶藏

一九七二年春天，我從四川德昌的山村被調回城市，在成都市汽車運輸公司的車隊當了五年修理工。那時候工間裡完全沒有正常作業，我每天都背一個書包去上班，一有空隙時間，立即到鹼水池把油污的手洗一洗，在別人打牌或聊天的時候，就拿出一本書來讀。我喜歡藝術，有一幫畫畫的朋友。其中一位叫朱成，現在已是頗有成就的藝術家，但那時和我同是運輸公司的工人。說起這幫喜愛美術的朋友，當時在成都有不少業餘繪畫愛好者，都各在工廠或別的單位工作。他們簡陋的家裡，往往藏著一幅幅國畫或油畫。他們也常常在一起畫，互相切磋。後來四川美術學院重新招生，他們當中好幾位都去了重慶，成為一代相當成功的藝術家。不過三十多年前，這些文化藝術的根苗都還在惡劣的環境裡自生自滅，全憑個人興趣和愛好在那裡堅持。

我和朱成在工廠認識後，他知道我懂英文，就問我有沒有見過原文的莎士比亞全集。我當然回答說，從來沒有見過，他就說可以替我找一本。我以為他是在吹牛或者開玩笑，可是第二天，他果然拿來一本精裝書，正是多卷本莎士比亞全集收有十四行詩的一本。我大為驚訝，朱成才告訴我說，那是他一個朋友父親的藏書，老先生不相信現在居然還有年輕人能讀這樣的書，所以借出此書的條件是要看書的人翻譯一首詩，如果眞能譯出一首來，他就可以再借其他的書。我喜出望外，立即選譯了一首，交給朱成去復命。莎士比亞一百多首十四行詩，我已不記得譯的是哪一首，可是那首譯詩就像《天方夜譚》阿里巴巴與四十大盜那個故事裡開門的咒語，為我打開了一個書籍的寶藏。

歐陽子雋先生曾在舊《中央日報》當過記者，喜歡讀古書，也喜歡英文，當年曾和在成都的外國人時常來往，收集了很多英文原版書。他後來在成都一個百貨公司做售貨員，為人謙和，與同事們和睦相處，在文革中居然把他最心愛的藏書保存了下來。歐陽先生對文化受到摧殘感到痛心疾首，看見我譯的詩，發現居然有年輕人還能讀莎士比亞，高興異常，立即請我到他家裡去。記得我第一次到他的住處，在一個破舊的小院子裡，一間極簡陋的房子，但一走進去，就看見緊靠牆壁一排木板做成書架，密密層層放滿了各種舊書，其中大部分是英文書。我們一見面，歐陽先生就慷慨地對我說：「我這些書就是你的書，你任何時候都可以來讀。」在那年頭，書不是被燒毀，就是被封存，想不到在一間舊房子裡，竟保存了英國文學和歷史的許多經典。在「破四舊」的一陣風暴裡，成都也到處有抄家、焚書的舉動，可是歐陽先生的書卻能保留下來，幾乎是個奇蹟。這是否和這個城市古來的文風有一點關係呢？在激進口號的喧囂聲中，在政治運動轟轟烈烈的表面之下，是否文化和典籍就像龍蜷虎臥，沉潛於平民百姓之家，在為我們自己保存一點精神的根基呢？無論如何，由於一個偶然的機緣，我三十年前在成都居然找到了許多英文原版書，也出於純粹求知的興趣，比較系統地閱讀了英國文學的經典名著。

以讀書來對抗虛無

在歐陽先生那裡，我不僅第一次讀到莎士比亞全集，而且讀了從喬叟的《坎特伯雷故事集》、彌爾頓的《失樂園》到十九世紀浪漫派詩人、小說家和散文家的主要作品。如果說下鄉三年，讀希臘羅馬文學有一點收獲，那麼在歐陽先生那裡，我就第一次讀到了對英國語言有很大影響的欽定本《聖經》，又稱詹姆斯王譯本（The King James Bible）。我知道在西方文化中，希臘古典和《聖經》可以說是兩個主要的源頭，而欽定本《聖經》的英文有一種特別的魅力，有很高的文學價值，於是我把這本書從頭到尾讀了兩遍。

在歐陽先生那裡，我還借閱了法國史家泰納（Hyppolyte Taine,一八二八—一八九三）著名的《英國文學史》。他在那本書裡提出文學的產生取決於作家所屬的社會群體、文化環境和時代氛圍（即他所謂race,milieu,moment），在十九世紀末和二十世紀初的歐洲文學批評中，曾造成相當影響。當時我讀得最勤，可能獲益也最大的是帕格瑞夫（F.T.Palgrave）所編《金庫英詩選》（*The Golden Treasury*）。這部詩選初版於一八六一年，後來不斷補充再版，其流行程度很像我們的《唐詩三百首》。我從這部選集裡翻譯了大概三百首詩，這在我是很好的練習，因爲讀詩是獲得敏銳語感最佳的途徑。熟悉詩的語言可以幫助我們把握語言的音調節奏，輕重緩急，詞句和語意的平衡，在自己說話和寫作的時候，就知道如何組織篇章，遣詞造句。英語和漢語在語句組織、節奏和表達方式上都很不相同，只有多讀英國文學經典，尤其是詩，才可能最好地獲得英語的語感，增強自己的信心，能夠把英語運用自如。與此同時，就像德國大詩人歌德說過的那樣，瞭解一種外語可以反過來幫助提高對自己母語的認識，也就會增強自己的語言能力。

七十年代初在成都相當特殊的環境裡，儘管沒有學校提供條件，沒有老師指點，我卻由於結識了歐陽子雋先生而讀了不少英國文學名著。我永遠感謝歐陽先生在最艱難的日子裡，爲我打開書的寶藏，提供精神的食糧，這對於我後來的發展，的確起了關鍵作用。可是當時讀書完全出於興趣，絕沒有想到未來有任何發展，也沒有考慮知識有任何實際用處。可是正像《莊子．外物》所說，「知無用而始可與言用矣。」用與無用是一種辯證關係，知識的積累首先要有求知的欲望和純粹的興趣，文風的形成靠的不是實用，而是對知識文化本身的追求。

我在歐陽先生那裡不僅借書、讀書，也經常聚在一起談論，談書，談文學和文化傳統，自然也談那時讓人焦慮擔憂的時事。時常參加的還有他的兒女，陽旦、陽含、陽芳，有時候還有別的幾個年輕人。歐陽先生的兩個兒子陽旦和陽芳，一個喜愛大提琴，一個學練小提琴，後來都成了專業的音樂工作者，陽含則去了美國，現在在一個律師事務所工作。回想當年在那個陋室裡的交談，實在令人永遠懷念。歐陽先生把當時的聚會，都詳細寫在他的日記裡，多年後我在成都重新見到他老人家，他還把當年的日記翻出來，讀給我聽。成都人所謂擺龍門陣，在互相瞭解的朋友之間，可以說無所不談。對當時否定文學和文化，對人類文化採取虛無主義的做法，我們是用讀書的實際來回應的。這倒不是有意爲之，也更沒有任何實際的考慮，而是在成都這個有淳厚讀書風氣的地方，讀書人自然的反應。說不定兩千多年前，秦始皇焚書坑儒的時候，讀書人大概也像這樣在下面議論，並且把舊書典籍藏起來，使中國文化傳統繼續存在。畢竟秦皇漢武，略輸文采，在二十世紀的中國，要使文化知識完全斷絕，更是談何容易。在三十多年前極爲艱難的環境裡，成都這個地方使我能找到書籍，找到可以推心置腹交談的朋友，得以不斷自學，在書籍中找到自己的精神寄託和慰藉。這使我永遠感激我的故鄉，也對我們自己知識文化傳統的生命力，永遠充滿了信心。

二〇〇六年七月二日初稿於香港九龍瑰麗新村寓所
七月四日完稿於德國埃森人文研究院（KWI）

生命的轉捩點：回憶文革後的高考

我並不喜歡憶舊，哪怕我們這代人見證了中國近三四十年來翻天覆地的變化，而且就個人經歷而言，回想三十多年前的自己，也幾乎有恍若隔世之感。胡適有《四十自述》，我就覺得這位胡博士老氣，四十出頭，不過人到中年，後面的路還很長，怎麼就清倉盤點了呢？我現在早過了四十，可是關於回憶，就常有這樣矛盾的心情。一方面感到數十年間經歷過的變化，有時候連自己都覺得不可思議，但另一方面，現在要做的事很多，沒有時間停下來憶舊。不斷做事而且有事可做，這是生命充實的證明，是一種好的、實在的感覺。可是《書屋》的編輯朋友要我寫一篇文章，回憶三十年前恢復高考時的情形，卻又立即勾起我的興趣，因爲那是我生命中一個重大的轉捩，而且對於文革十年累積起來的歷屆畢業生，那都是一個重大轉捩。

文革開始，從小學到大學都「停課鬧革命」，而且一停就是十年，中國的教育完全停頓中斷。傳統上中國人曾經相信「萬般皆下品，惟有讀書高」，不僅尊重知識，以知書識禮爲榮，而且很早就建立起以文取士的考試制度。比較起講究血統、門閥世襲的制度來，那無疑是更合理、也更開放的制度。文革的情形則恰恰相反，紅衛兵一開始就喊出「龍生龍，鳳生鳳，老鼠生兒打地洞」的口號，按家庭出身把人分爲「紅五類」、「黑五類」，赤裸裸的血統論甚囂塵上。知識份子被稱爲「臭老九」，讀書越多越蠢，居然堂而皇之成爲正統觀念。在我們這個文明古國，讀書和教育似乎成了壞事，應當被革除。當然，文革中也不是沒有復課的舉動，一九七三年就曾恢復考試，但那次並不是全面恢復高考，因爲知識青年們不能自己報考，而須由「革委會」推薦指定。結果不僅沒有選拔出品學皆優的人才，反而出了一個「白卷英雄」張鐵生，使讀書無用、知識有罪更成爲當時政治輿論的主流，把中國的教育進一步推入蒙昧的深淵。可是對已經識字開竅、下放到農村或在工廠工作的知青們說來，求知實在是生命的需要，而且外在的物質條件越是簡陋困乏，精神的需求反而越強烈、越迫切。

求知道路踽踽獨行

從一九六九到一九七二，我在四川德昌茨達公社下鄉三年，後來回到成都，在市汽車運輸公司做工人五年。在那些年月裡，雖然生活和學習的條件都很差，但完全出於求知的需要和純粹的興趣，我一直堅持自學。那時候沒有什麼書，沒有老師指點，憑自己摸索學外文，在別人看來也許很苦，在我自己卻有無窮的樂趣。茨達山村裡沒有電，我晚上就著一盞煤油燈的微光，往往一直讀到深夜。記得離開農村回成都時，取下靠牆釘著用來放書的一塊木板，我發現木板上面的牆壁是灰白色，下面的牆壁三年來卻被油煙熏成黝黑，積了厚厚一層油灰。取開木板，牆壁上下黑白分明。韓愈《進學解》有名句說：「焚膏油以繼晷，恒兀兀以窮年。」看到牆壁上那一層油灰，我似乎對這句話頗有些體會。

回到成都，由於偶然的機緣，我有幸結識了藏有許多英文書的歐陽子雋先生。在文革抄家、焚書的劫難中，這位老先生見還有年輕人喜歡讀書，能夠讀書，不禁引做同道知己，結爲忘年之交，於是慨然將藏書對我開放。那時求知的欲望由於受到外在環境的壓抑，反而拒絕外在，完全沉浸在內在自我的精神追求之中。讀書如癡似狂，與幾個可以推心置腹的朋友談讀書、談學問、談時政，雖然清貧如洗，在我卻是一種純粹而且高尚的享受。那是極艱難的歲月，也是極有理想的歲月，是極貧困的日子，也是精神上極豐富的日子。那時候讀書沒有、也不可能有絲毫實際利害的打算，但也正因爲如此，在朋友之間形成的是一種純粹追求知識的風氣，即以知識本身爲目的而發奮讀書的風氣。

當年幫助我的人，除歐陽子雋先生之外，還有曾在成都電訊工程學院擔任過圖書館館長的鄧光祿先生。他熱心幫我找書，曾帶我去四川大學圖書館，又去認識四川醫學院的劉正剛先生。但當時還在文革之中，大學裡的氣氛反而比學院之外更緊張嚴峻。圖書館完全封閉，一本書也借不出來，知識份子則不斷受批判，人人自危，很難有心思談學問。不過我認識了川大外文系的解毓葵教授，在七十年代初，我有時到他家裡去請教，和他交談，得益不少。記得解先生十分欣賞英國詩人雪萊，曾說用屈賦騷體來翻譯雪萊的《西風頌》，必定最能傳其神韻。我還去拜訪過曾任川大副校長、但在一九五七年被劃爲右派的謝文炳先生，他是川大外文系的名教授，對英詩很有研究。那時候謝先生獨自一人住在一間很小的房子裡，室內好像沒有什麼書，空空如也。我懷著一腔熱情，到他住處登門造訪，想和他討論我讀得正入迷的一部《金庫英詩選》，然而我見到的卻是一位蒼白瘦弱、心灰意懶的老人。我說我正在讀英詩，很希望得到他指教，但是謝先生卻含著一種悲憫的眼光看著我，對我說：「你看我弄了一輩子英詩，現在落得這個樣子，你年輕人還讀這些幹什麼呢？」我那時頗有點失望，但我可以想見文革中先生的遭遇，也就沒有再說什麼。確實，在當時那種嚴峻的政治氣氛和壓抑的社會環境裡，如此唐突到大學裡去找教授們談學問，尤其是談被視爲毒草的西方文學、英美詩歌，實在太幼稚，太理想了。當時也只有像我那樣在學院之外，沒有人指導，也沒有人監管，才可能憑著個人興趣和自我完善的欲望讀一點書，在求知的道路上踽踽獨行。

恢復高考重拾教育機會

不過人生的變化實在難以預料。大概在一九七四年，科學院四川分院下屬的生物研究所研製了一種治冠心病的新藥，準備參加廣州交易會，需要把藥的說明書譯成英文。生物所一直沒有找到合適的譯者，後來通過朋友推薦，由我翻譯了這種藥的說明書。生物所的研究員們很滿意。他們費了很大力氣，終於在一九七六年把我從汽車運輸公司車隊調去生物所做專業翻譯。比較起文學和詩的語言來，科技英語實在很簡單，所以生物所的翻譯工作在我很輕鬆。我在生物所一年，除翻譯一些科技資料之外，還譯了兩本書，一本是由中文譯成英文的《大熊貓》，一九八〇年在北京由科學出版社出版，另一本是由英文譯成中文的《蛇類》，也由科學出版社在一九八一年出版。這兩本譯作是我最早的出版物，但我的興趣始終在文學，所以我繼續自學，抽時間譯詩，並且譯出了法國史家泰納著《英國文學史》論莎士比亞的一章。

就在這時候，文革結束，中國的大學恢復了高考，對成千上萬的知識青年說來，這眞是扭轉乾坤的大變化，是令人砰然心動的大好機會，但也是突如其來的嚴峻挑戰。文革十年，從初一到高三積累了數量極大所謂「老三屆」的歷屆畢業生，高考的競爭相當激烈。對大多數人說來，學業中斷了十年，要在短時間內複習準備，參加考試，又是談何容易。我的許多中學同學，這時大都已回到城裡工作，紛紛報考。可是中學階段學到那點基本知識，已經丟棄得太久，現在要重新拾回來，要彌補失去的歲月和已經遺忘的知識，眞是難之又難。這時大家才深深感到，丟失了的十年是多麼可貴而且可惜。在時間的壓力下，有人焦頭爛額，也有人使出怪招。我認識的同學中，就有幾位仁兄竟然接連到醫院去治痔瘡，以此得到較長的病假，多一點時間複習。我的同學中很多人通過複習和高考，後來都得到機會，在不同的大專院校學得一技之長，走向不同的工作崗位。當然，考試是一種競爭，其中有成功者，也必然有失敗者。記得有人告訴我，成都有一位考生，高考沒有成功，他便自我解嘲說，那一次高考實乃「以國家之長，攻我之短」，大家一時傳爲佳話。其實，無論自己報考的志願是否得到滿足，無論考入哪一所大學，起碼大家都有了一次變動轉捩的機會，也都重新恢復了對知識的信念和重視。中斷十年的教育得以重生，那才是最重要的意義。

那時候我作爲中學畢業生，可以去參加大學本科生考試，也可以選擇以「同等學歷」參加研究生考試。我自忖已經失去了十年光陰，而我對自己的英語程度也有些自信，所以決定直接報考研究生。雖然前此一兩年，我到川大拜訪謝文炳先生沒有什麼結果，但其實謝先生心裡已經記住了我。

恢復高考時，他託人叫我去見他，鼓勵我報考川大英語專業的研究生。他說他瞭解川大外文系的情形，以我的英語水平，考研究生絕無問題。當時報考可以塡寫兩個志願，謝先生建議我兩個志願都塡川大。於是我報考了川大，並按照指定的參考書準備考試。可是那年謝先生自己並沒有招研究生，而川大招生的專業是研究英語教學和語法。我雖然報考了川大，卻一直不甘心，因爲我的興趣不在語法和語言教學，我希望研究的是文學。當時只有北大西方語言文學系有英美文學研究專業，但北大是中國最高學府，指導教授是朱光潛、李賦寧、楊周翰、趙蘿蕤這樣名揚遐邇的大學者。當時就連我中學的好友們都認爲，我以中學畢業的學歷，直接考研究生已經跳過了一大級，還要報考北大研究生，似乎有點異想天開。然而我的妻子（那時還是我的女朋友）很支持我考北大，覺得至少第一志願應該塡北大。她說：「你今年考不上北大，明年還可以再考川大。如果不去試，你怎麼知道自己能不能考上北大？去試過了，才免得將來後悔。」這話確實有道理，但中學畢業和北大研究生差距實在太大，我還是猶豫不決。

放棄川大改考北大

那時科學院四川分院的院長是作家馬識途先生。他是西南聯大畢業生，在聯大是中共地下黨員，後來是四川省委書記之一，兼任四川科分院院長。我工作的生物所是科分院下屬機構，所以到生物所之後，有機會認識了馬識途先生。馬先生是作家，當然對文學有興趣。他知道我喜歡文學，也讀過我翻譯泰納論莎士比亞的文章，對我的英語能力和文學修養頗爲讚賞。那時有人告訴我說，希望考研究生的人可以把平時的習作寄到想報考的學校去，請教授評定是否合格。馬識途先生就對我說，他當年在西南聯大認識的一些朋友，其中有的在北大任教。他要我用英語寫一篇文章，他願意替我寄到北大去。我那時候想，如果我寫一篇評英國文學作品的論文，以我中學畢業的背景，很可能別人不相信，甚至會懷疑我是從什麼書裡抄來的。而我從來喜歡中國古典文學，也看過一些外國學者翻譯的唐詩，於是決定用英文寫一篇文章，專門討論外國人翻譯李白、杜甫詩的得失。這樣的題目比較特別，大概不容易被人懷疑爲抄襲之作。文章寫好之後，我交給馬識途先生，他再寄到北大去。

可是此後很久都沒有音訊，我以爲不會有什麼結果了。但就在報名日期即將截止的最後幾天，我突然收到北大歷史系許師謙教授從北京發來的電報，要我改考北大。我正猶豫間，又收到許教授的信，信上說他收到馬識途先生寄去我那篇文章，就轉給北大西語系，後來由系主任李賦寧教授親自看過了。許先生說在西南聯大時，他曾上過李賦寧先生教的法文課，算是李先生的學生，一九五二年院系調整以後，他在北大工作，和李賦寧先生成爲同事。然而數十年來，他們在北大校園裡見面，也只是點點頭打個招呼，互道寒暄而已，李先生從來沒有上他住的宿舍去過。許先生說，李賦寧教授看了我那篇文章之後，親自第一次上他家裡來，說一定要讓這個四川的學生報考北大。讀完許先生的信之後，我興奮不已，立即到報名處要求改考北大。我記得報名處的工作人員把我訓斥了一通，說報名日期馬上就要截止，研究生考試也很快就要開始了，你一直按照川大指定的參考書在準備，這時候突然要改考北大，不是發神經病是什麼？但我堅持要改，說考不上是我自己的事，不要別人負責，他們最終還是讓我改了報考北大。

第一名考進研究所

那年研究生考試分兩次，我在成都參加初試，得了九十六分，覺得很滿意。不久就得到通知，去北京參加複試。記得那是一九七七年秋天，我從成都乘火車一路北上，到北大後才知道，全國各地有四十來位考生匯集到北大西語系，來參加英語專業包括書面和口語的複試，而且他們的初試成績大多在九〇分以上。後來聽老先生們說，他們初試出題時以爲，多年以來，我們的大學教育從來沒有眞正重視過西方文學，再加上十年文革，教育中斷，他們擔心題目如果太深，就沒有人能考得上。可是沒有想到，全國不僅有很多人報考北大英美文學專業研究生，而且初試成績遠遠超過他們的預想。那年英語專業研究生只取十多人，爲了把考分拉開，他們不得不大大增加了複試題的難度。複試題不僅涉及範圍廣泛的英美文學專業知識，而且考生依據自己知識的深淺，可以作不同層次的回答。例如有一道題問：在莎士比亞戲劇裡，有哪個人物在兩齣劇裡都出現過？爲什麼？答案是著名的喜劇人物福斯塔夫（Sir John Falstaff），他分別出現在《亨利四世》（*Henry IV*）和《溫莎的風流婦人們》（*The Merry Wives of Windsor*）兩齣劇裡，而究其原因，則據說是莎士比亞劇團在演出《亨利四世》的時候相當成功，女王伊麗莎白一世看了以後非常高興，說想要在別的劇目裡，再看見福斯塔夫。於是莎士比亞在寫《溫莎的風流婦人們》時，讓滑稽可笑的福斯塔夫再度登場。類似這樣的問題很多，這類題目不僅考一般的英文程度，還考有關英國文學史的常識，靈活而有趣，可以使考生發揮自己的能力。

在北大複試除了筆試之外，還有口試，由楊周翰教授主考。楊先生後來是我的指導教授，帶領我研究莎士比亞和文藝復興時代的英國文學。楊先生曾告訴我說，複試時他「擊節讚賞」我筆試的考卷，但知道我是自學英語，就很擔心我的口語有問題。但口試時，我的聽說能力使他也很滿意。在口試中，記得楊先生曾問我什麼是Apocalypse，我回答說那是關於未來的啓示，尤其指《聖經》中有關世界末日的啓示錄。他看出我對英文《聖經》有些瞭解，而這對於研究文藝復興和十七世紀的英國文學十分重要，便滿意地點頭稱是。考試完畢後，李賦寧先生私下告訴我，說我考了研究生第一名。我那時候激動的心情，到現在還記得很清楚，李先生溫和的笑容，也歷歷如在目前。我能夠報考北大，和李先生的鼓勵直接相關。我到北京參加複試，才第一次見到李先生，對他表示由衷的感激。現在周翰師和賦寧師都已歸道山，可是他們對我的關愛和教誨，卻使我永遠感懷在心。李賦寧先生在他的回憶錄裡，有憶及一九七八年招收文革後第一批研究生的一段，其中特別提到馬識途先生把我推薦給北大歷史系的許師謙教授，許先生又把我那篇英文論文交給李先生。李賦寧先生寫道：「許同志把張隆溪的作品拿給我看，問是否能達到北大英語系碩士研究生的標準。我看後，立即鼓勵他報考。他那年三十二歲，考試成績在第一次錄取的十二名碩士生中名列第一」（見《學習英語與從事英語工作的人生歷程》，北大出版社二〇〇五年版，一百四十六頁）。

對李賦寧和楊周翰兩位先生的感謝

離那次研究生考試，現在已經整整三十年過去了，但回想起來，生命中那一次重大的轉捩仍然使我慨然感嘆，尤其對李賦寧先生、楊周翰先生，對其他幾位賞識過我、幫助過我的前輩，我都永遠充滿了感激。想當年複試完畢，我帶著按捺不住的愉快心情從北京返回成都，向家人和朋友報告大好消息。不久，《四川日報》曾以「鍥而不捨，金石可鏤」爲題，報導了我自學考入北大西語系，並獲得總分第一名成績的事。那並不僅僅是我個人的榮耀，而是對我們那一代人在艱難困苦中追求知識的肯定。三十年前恢復高考，可以說是中國走向改革開放最初也最爲關鍵的一步。文革十年的封閉和嚴重內耗，不僅在國力上，而且在人才上，都使中國處於枯竭的窮境。要扭轉那種艱難的局面，在百廢待興的時刻，首先恢復中斷的教育，重新注重人才培養，實在是刻不容緩之舉。文革後招收的第一批學生，無論是七七級的大學生還是一九七八年進校的第一屆研究生，大多是優秀的人才，這已經成爲社會上一種普遍的共識。在各個領域裡，他們當中許多人現在都擔當重任，成爲他們各自專業的帶頭人。現在回想起來，三十年前那場競爭和考試，的確值得我們認眞領會其劃時代的意義。

二〇〇七年四月十六日初稿於美國賓州州立大學旅舍

廿七日定稿於香港九龍瑰麗新村寓所

美的追求：懷念朱光潛先生

捷克作家米蘭・昆德拉（Milan Kundera）曾在他的一本書裡說：「人對強權的鬥爭也就是記憶對遺忘的鬥爭。」[1] 在想起朱光潛先生的時候，我特別記起了昆德拉這句話，而且對這句話的妙處，自認頗能領會於心。朱光潛先生生於一八九七年，曾留學英、法，研究文藝理論和美學，深受康德、叔本華、克羅齊等西方哲學家影響，在三十和四十年代著有《談美》、《文藝心理學》、《詩論》等書，廣爲讀者所喜愛。五十年代以來，他對美和審美經驗的強調顯然很難適應中國社會和政治的環境，於是在相當長的一段時期，朱先生成爲批判和改造的對象，走過了精神上十分艱苦的歷程。文革之後，他以八十多歲的高齡重新回到美學和文藝理論的研究領域，辛勤筆耕，寫出了《談美書簡》和《美學拾穗集》等新著，並有包括維柯《新科學》在內的譯著以及其它許多論文。一九八六年朱先生在北京去世，享年八十九歲。他一生經歷了現代中國許多次政治和社會的大變動，這在他一生的思想和著述上，也留下了明顯的印記。回憶和紀念朱光潛先生，既是緬懷一位我極爲敬重的前輩，同時也提供一個機會，讓我們可以重新思考政治與學術、尤其是政治與文藝和美學之間的關係。

虛懷若谷的美學大師

我最早知道朱光潛先生的名字，是一九七〇年前後讀先生所著《西方美學史》。那正在文革當中，一切學術文化都在遭受極野蠻的摧殘，此書談「美」而且專論「西方」，自然在被焚被禁之列。不過精神是沒有辦法禁絕的，禁書從來就總會在讀書人中間輾轉流傳。和其它許多關於文藝和美學的書一樣，朱先生一九六三年初版這部《西方美學史》是當年城鄉知識青年中的「搶手貨」，朱光潛的名字也是許多年輕人所心儀崇敬的。在那艱難的歲月，一切正直的人無不對我們這「文明古國」喪失了文明而痛心疾首，然而也正是在那樣艱難的歲月，讀到朱先生說理透徹而又晶瑩流暢的文字，看他評介從柏拉圖、亞里士多德到黑格爾和克羅齊的美學理論，感受尤爲深刻。精神這東西大概是人身上最難殺死的。在一個人日子過得很舒服，生活條件十分優裕的時候，精神反而可能委靡不振，但當身外之物被剝奪殆盡，甚至筋骨和皮肉也遭受痛苦的時候，赤裸的人只剩下精神眞正屬於他自己，反而會格外頑強，精神生活的充實完善也會成爲一種執著的追求，成爲唯一能賦予生命以意義的活動。在這種時候，文藝、歷史和哲學尤其會顯出它們的重要。親身經歷過那種艱難歲月的人，大概不少人都有這種體會吧。那時候不顧風險和困難、堅持讀書而且愛好文學的青年，對朱光潛先生是十分敬重的。

數年之後，夢魘終於過去，一九七八年秋，我考上文革後第一批研究生，來到北京大學西語系，第一次見到朱光潛先生。在西語系，我從楊周翰先生研讀英國文學，但我一直對文學理論和美學很感興趣，又很敬慕朱先生的學問文章，所以時常去登門拜訪。朱先生和師母也待我有如家人。

朱先生年事已高，不願有太多應酬，所以往往息事謝客，但每次我去燕南園先生寓所，卻可以徑直上樓到那間小小的書房裡和他見面。在同輩的年輕人中，我大概算得對朱先生晚年的研究工作瞭解最多的一個。我只是一個後生晚輩，而朱先生是德高望重的名教授，但在他跟前，我從來沒有感到過拘謹侷促。荒蕪寫過一篇文章談他對朱先生的印象，其中說到朱先生身體瘦小，穿著又很樸素，不認識的人會以爲他是一個小學教員。朱先生雖不是小學教員，卻也絕無大教授的架子，待人誠懇謙和，從不自詡爲美學權威。在一九八〇年出版的《談美書簡》裡，有「漢文『美』字就起於羊羹的味道」這句話，用以說明藝術和美並非起於抽象概念，而最先見於食色人性。[2]《說文》釋美爲甘，從羊從大，「羊在六畜，主給膳也，美與善同意。」段玉裁注：「甘者，五味之一，而五味之美皆曰甘。引申之凡好皆謂之美。從羊從大，則肥美也。」朱先生對「美」字起源的解釋，大概就是以此爲依據。可是後來有人在一家刊物上撰文，批評朱先生的解釋不對，而另據金文和甲骨文的字形，論證「美」字最早有可能是一個舞蹈者的形象。在一次談話中朱先生拿出這份刊物，要我讀那篇批評他的文字，而且誠懇地笑了笑說，「這個人說的大概有道理。」這件事留給我的印象頗深，因爲朱先生是中國最有聲望的美學家，在「美」字的起源問題上卻並不固執己見，不把自己專治的學問視爲一己之私產，而能誠懇地虛己以聽，隨時準備從旁人的意見中吸取任何有價值的東西。何況就「美」字的語源而言，這批評者的意見是否正確，也並不是沒有再商榷的餘地。與朱先生接觸愈久，愈感覺到他心胸廣闊。他對學問抱著極爲認眞的態度，所以他對任何批評和意見，只要是來認眞討論學問的，就都竭誠歡迎，十分寬容。

美學論爭與馬克思的權威

如果說虛懷若谷是朱先生為人治學中的一種美德，那麼作為一位嚴謹的學者和理論家，他還有也許是更為可貴也更具特色的一面，那就是在重大學術問題上絕不盲從任何人，對自己認為錯誤的意見絕不退讓妥協。五十年代後期開始的美學討論，始終是以批判朱先生的美學思想為核心，他自然成為衆矢之的。各派老的和新起的理論家都在批判朱光潛之中表明自己的觀點，贏得自己的名聲，而朱先生就像傳說中的漁王，在那場激烈而嚴峻的批判中經歷了死而復生的重大轉變。他拋棄了自己過去的美學觀點，承認自己的文藝思想「反動」，並開始以馬克思主義的觀點重新探討基本的美學問題。[3] 可是那並不能使他的論敵們滿足。在那場批判之中，朱先生已經成為主觀唯心主義的代表，是一個十分方便的靶子，人人皆可瞄準射擊。如果這靶子中了幾箭之後，竟要挪動位置，要求和射手們站到一起，那將造成怎樣的混亂！和五十年代以來歷次的思想改造運動一樣，那場美學討論也絕不是單純的學術論爭，而是政治鬥爭，人作為政治的動物是這種鬥爭最終的分野。如果馬克思主義是批判朱光潛的人所掌握的，在邏輯上就不可能同時又是朱光潛所可依據的，於是有人說，「朱光潛不夠資格學習馬克思主義！」至少在某些人政治邏輯的推論之下，批判朱光潛的目的本來就不是也不可能是把他改造成一個馬克思主義美學家。可是，朱先生以十分虔誠的態度接受馬克思主義，認眞鑽研馬克思的著作，於是很快發現自己過去的美學觀念固然是「唯心主義」的，但批判他的許多人也並不處處符合馬克思主義。所以他在自我批判的同時，也對他認為錯誤的觀點提出辯難，有來必往，有批必駁。

爭論的焦點之一是美的本質：美究竟是客觀的，主觀的，還是客觀與主觀的統一？朱先生承認自己過去追隨克羅齊視藝術爲抒情表現的理論，否認美有客觀基礎，是錯誤的唯心主義理論。與此同時，他又敏銳地見出否認美是客觀條件與審美主體意識的辯證統一，是「見物不見人」的美學，在理論上十分片面，在實踐中更是遺害無窮。他在一篇文章中總結各派意見的時候說：

> 一、他們誤解了而且不恰當地應用了列寧的反映論，把藝術看成自始至終只是感覺反映，把藝術的「美」看成只是單純反映原已客觀存在於物本身的「美」，因此就否定了主觀方面意識形態的作用。
>
> 二、抹煞了藝術作爲意識形態的原則，因而不是否定了美的社會性（如蔡儀），就是把社會性化爲與自然迭合的「客觀社會存在」（如李澤厚）。
>
> 三、抹煞了藝術作爲生產勞動的原則，因而看不出原料與產品的差別，否定了主觀能動性和創造性的勞動對於美的作用。
>
> 四、抹煞了客觀與主觀兩對立面的統一，對主觀存著迷信式的畏懼，把客觀絕對化起來，作一些老鼠鑽牛角式的煩瑣的推論，這就注定了思想方法必然是形而上學的。
>
> 這就是目前美學所走進的死胡同。[4]

朱光潛先生在這裡指出的幾點，都恰好是中國學界在文藝創作、文藝批評和理論研究實際情形中的嚴重弊病。長期以來，物和心、客觀和主觀不僅形成概念上的絕對對立，甚而帶上革命與反動這種政治是非的色彩，人們對心和主觀，的確存著「迷信式的畏懼」。朱先生一直堅持美是主客觀的統一，他不把美看成客觀自然物的屬性，也不把它看成人的主觀感受，因爲這二者都只是美的條件而不是美本身，這樣就避免了片面唯物和片面唯心，即馬克思在《經濟學–哲學手稿》中所批判的「抽象唯物」和「抽象唯心」。[5] 他認爲美是人對客觀自然物加以改造的實踐活動的產物，美確實要有自然物的客觀存在爲條件，同時也要有審美主體及其意識活動的存在爲條件，二者缺一不可，而作爲人的生產實踐活動的產物，美就必然是二者的對立統一。

朱先生尤其強調，藝術美作爲意識形態的性質與人的主觀創造有密不可分的關係。作爲自然形態的物，只爲藝術提供美的原料或條件，作爲意識形態的物的形象即藝術形象，才眞正具有美學意義上的美。在美學史上，康德曾區分「自由美」和「依存美」，以不依存於人的概念和意識活動的美爲美的極致，而且在《判斷力批判》第四十二節裡強調自然美高於藝術美。但是康德的美學思想有許多自相矛盾之處，他所舉「自由美」的例子除了自然界的花之外，還有圖案優美的地毯和無標題的音樂（見第十六節），而他所謂「美的理想」（見第十七節）是只在人身上才能充分體現的，是「道德的表現」，所以並非脫離人的理性內容和目的。[6] 康德的美學思想畢竟不是單用形式主義一語，便可概括無餘的。康德之後的德國哲學改變了康德許多概念的內容，強調他的天才概念與藝術創造的聯繫，美學成爲天才創造的藝術之哲學。席勒的審美教育把藝術——而不是趣味和判斷——提到首位；而在黑格爾那裡，美作爲「理念的感性顯現」首先是藝術的特性，甚至自然美也是精神的反映。自然美隨人的性情喜好之不同而不同，說明在本質上它仍然離不開審美意識主觀方面的作用，黑格爾美學完全以藝術爲基點，因爲正是在藝術中，理性和感性、內容和形式、主觀和客觀達到了對立面完美的統一。但朱先生在論述美的本質時，不僅把主客觀統一的觀點建立在總結西方美學豐富史料的基礎上——這是他後來所著兩卷本《西方美學史》貫穿始終的重要主題之一——而且儘量用馬克思主義的基本原理去說明它。在一九六〇年前後，他已經把馬克思《經濟學-哲學手稿》裡關於「自然的人化」和「人按照美的規律去創造事物」等重要觀點，應用到有關美的本質等基本問題的理論探討之中。[7] 毫無疑問，朱先生相當自覺地用馬克思主義來改造自己，希望從中獲得美學研究的指導思想。

以八十年代的眼光回顧一九五七年至一九六二年的美學討論，我們不能不看到那場討論和後來文藝界乃至整個學術領域裡發生的許多事情的關係，不能不把它和「四人幫」統治下走到極端的文化專制主義聯繫起來思考。我們親身經歷過的歷史現實使我們不能不認識到，「見物不見人」，否定人和人的價值，正是那個時代一個可悲的偏向。朱光潛先生對中國美學思想的一個主要貢獻，也恰好是在幾個關鍵的時刻，在重大的理論問題上，和這種偏向作不懈的鬥爭。朱先生回憶起當年那場爭論的時候，覺得爭辯各方對馬克思主義的瞭解都很幼稚膚淺，而對他個人說來，最重要的是使他從此認眞研究馬克思主義，把美學建立在唯物辯證法的基礎之上。

記得有一次和朱先生談起這類問題，他承認「幼稚膚淺」也適用於評價當時的他自己。我們如果重讀他那時的文章，不難發現有許多觀點和語彙都帶著那個時候的特別印記和局限。在那時候，討論問題的方式和對一些基本概念的理解，往往是機械而粗糙的；對很多重大理論問題，蘇聯學者們的意見幾乎和馬克思原著有同等的份量，許多人接受的是經過別人過濾了的馬克思主義。除對馬克思主義缺乏深入瞭解之外，參加美學論爭的人有許多對哲學、心理學、人類學和社會學之類與美學密切相關的學科，更缺乏必要的知識，甚至對文學藝術缺乏瞭解和切身體會。在知識的廣博、理論修養的深厚和鑑賞能力的敏銳等方面，可以說朱先生是大大超出許多人的。尤其因爲他懂英、法、德、俄數種外語，不僅能接觸到豐富的美學資料，而且可以直接從原文去把握馬克思原著的意義，所以在運用馬克思主義原理於美學研究上，他往往有自己深入的見解，而且往往針對美學研究的實際，提出重大的理論問題。

八十年代的反思和解放

一九七九年《西方美學史》出第二版時作者重寫的序論，就是這樣極重要的一篇論文。朱先生結合美學研究的實際情況，大膽提出他在閱讀馬克思主義原著當中產生的三點「迷惑」，討論了三個關鍵的問題。第一點涉及歷史唯物主義的總綱，指出馬克思和恩格斯在強調經濟基礎決定上層建築、人們的社會存在決定人們意識的同時，絕沒有把經濟看成唯一決定作用的因素。因此，「經濟唯物主義」是對唯物史觀的歪曲，它否認了政治、法律的上層建築以及思想、理論等意識形態在歷史發展中的積極作用。第二點涉及上層建築和意識形態之間的關係問題。朱先生引用原著，說明馬克思和恩格斯是以「上層建築豎立在經濟基礎上而意識形態與經濟基礎相適應，與上層建築平行」，但史大林在《馬克思主義和語言學問題》裡卻提出上層建築包括意識形態，甚至等於意識形態，在蘇聯、東歐和中國都很有影響，造成了理解的混亂。第三點涉及思想史的研究，指出社會分工日趨嚴密，人的認識也不能不受到局限，片面或錯誤的認識在所難免，但正確的認識正是在清理思想線索、批判幻想和謬誤之中得到發展，因此思想史研究是應當充分肯定的重要工作。[8]序論裡提出這三點，看起來好像糾纏在概念和術語上，全是煩瑣的考證，但在那經院哲學式的論證下面，卻隱含著極有針對性的理論觀點。把這三點聯繫起來，我們不難看出其核心是在充分承認經濟基礎的決定作用的前提下，儘量肯定哲學、文藝等等意識形態的相對獨立性，從而肯定思想史研究和意識形態工作的價值。

這三點涉及的美學和文藝問題就更多，例如必然性和偶然性的關係問題。恩格斯一八九〇年九月致布洛赫的信，批判了機械狹隘的經濟決定論，而且指出經濟運動作爲必然因素，要通過無數的偶然事件起作用。他在《費爾巴哈論》裡，也有類似的論述。可是在我們的文藝創作和批評裡，偶然性很少受到重視，奇和巧往往被視爲怪誕，遭人懷疑，甚至加以「反現實主義」的罪名，好像現實都是鐵板一塊，按照一加一等於二這樣嚴密的數學公式一步步推演，毫無偶然機緣起作用似的。與此有關的一件事，使我尤其緬懷朱先生對我的關切和鼓勵。我在一九七八年夏天讀到一篇評論文章，其中批評莎士比亞戲劇情節的發展太依賴偶然事件的作用，好像服藥沉睡的朱麗葉只要早幾分鐘醒來，就不會有羅密歐與朱麗葉的悲劇，只要苔絲德蒙娜沒有弄丟那張手帕，就不會有奧瑟羅的悲劇等等。我覺得這實在是不懂而且貶低了莎士比亞，尤其是否定了偶然機緣在生活和文藝中的作用，於是我寫了一篇短文提出不同意見。在那之後不久，我就到了北大，並且把這篇文章請朱先生看。他不僅把我這剛進校的學生的習作認眞看過一遍，而且用數頁稿箋寫下具體意見，對我表示支持和讚賞，鼓勵我把文章拿到刊物上去發表。我第一次投稿和發表論文，便是在朱先生鼓勵之下，這是我永遠不會忘記的。

以爲必然性就是一切，看不到必然必須通過偶然事件才能實現，就和以爲經濟因素決定一切那樣，都是缺少辯證法的機械觀點。這個道理，朱先生在序論中討論的第一點已經說得很明白。然而序論中最重要的是第二點，即上層建築不能和意識形態劃等號。在打倒「四人幫」之後不久，這實際上是提出了文藝和學術研究相對獨立於政治的問題。「文藝爲政治服務」那句口號已經喊了許多年，圖解政策的創作和評論已經生產了那麼多，突然要推翻這條公式，難免會使某些人覺得不習慣、不舒服，甚至於惶惶不安。《西方美學史》第二版發行之後，很快引起了文藝、學術相對獨立性的討論，也引起不少人提出異議。朱先生這時已年過八旬，還有許多重要的研究計劃有待完成，既然序論已經把觀點闡明，他就沒有再進一步爭辯其中細節，逐一回答反對者的意見。朱先生自己後來在《談美書簡》的結束語裡明確地說：「我當時提出這個問題，還有一個要把政治和學術區別開來的動機。我把這個動機點明，大家就會認識到這個問題的重要性。」[9] 回顧後來整個八十年代中國思想和學術的發展，我們不能不敬佩朱先生當時的勇氣和遠見，不能不承認他從理論上首先提出問題的功績。

譯介工作：從馬克思到維柯

經過一九五七年到一九六二年的美學討論，尤其經過文革十年的動亂和劫難，朱先生在耄耋之年是以期待的眼光注視著學術的復興，以解放的思想重理美學舊業的。唯其期待之殷，對於故步自封、抱殘守闕的態度就格外憤恨；唯其思想之解放，對於玩弄抽象概念、唯我獨「左」的空頭理論就格外不能容忍。文革後重印和新出了好幾種美學原理、文學概論之類的書，其中固然有些可以滿足人們對於知識的飢渴，但也確實有一些毫無新意，繼續把陳舊的概念和教條販賣給讀者。對於這樣的書，朱先生是極度輕蔑的。在《談美書簡》裡，朱先生自知「以一個年過八十的老漢還經常帶一點火氣，難免要冒犯一些人」，但是他說：「我實在忍不下去啦！」[10] 要想眞正取得學術的進步，就必須掃除這種陳舊概念的蜘蛛網，重新審視過去，儘量吸取實在而不是空洞的理論和知識。也正因爲如此，朱先生十分重視理論著作的翻譯，而且在這項工作中花費了大量的時間和精力。他譯介柏拉圖《文藝對話》、萊辛《拉奧孔》、愛克曼《歌德談話錄》、黑格爾《美學》和克羅齊《美學原理》等重要著作，對我國美學研究的發展作出了極大貢獻。

朱先生一九八〇年七月分別發表在《美學》和《社會科學戰線》上的馬克思《經濟學—哲學手稿》的節譯和《費爾巴哈論綱》的改譯，特別值得注意。在與這兩篇譯文同時發表的論文裡，朱先生討論了異化、勞動、實踐觀點等等重要問題，特別是它們對美學的意義。在《經濟學—哲學手稿》裡，馬克思指出私有制就是勞動的異化，而共產主義是人的自我異化的徹底廢除，是人的本質的恢復，人與自然的衝突的解決。所以「這種共產主義，作爲完善化的（完全發展的）自然主義，就等於人道主義，作爲完善化的人道主義，也就等於自然主義。」[11] 自然與人的衝突的解決，是通過人的實踐活動，把自然改造成「人化的自然」，而人在改造自然的同時也改造他們自己。這個實踐的觀點也是《費爾巴哈論綱》的重要觀點之一。自然能夠人化，是由於人可以「按照美的規律」來創造世界，發揮人的主觀能動作用，使自然符合於人的目的。馬克思在這裡強調了人的主體的作用。甚至人的感官和感官所能感受到的外部世界的豐富性，也是通過實踐才能獲得的：「正如只有音樂才喚醒人的音樂感覺，對於不懂音樂的耳朵，最美的音樂也沒有意義。」[12] 朱先生的譯文和論文實際上強調了在馬克思的理解之中，人對於客觀世界是取主動的態度，人的感覺和認識不是被動反映自然和社會，而是同時體現人的本質力量，因而是主觀和客觀的統一。如果說視、聽、味、觸等基本的感覺是如此，美感這種更爲複雜和高級的感覺，這種主要是對藝術品特質的敏銳鑑賞能力，當然更是如此。在馬克思的基本觀點中，朱先生爲自己的美學思想找到了強有力的支持。

由此我們便能理解，何以朱先生在最後幾年中拋開別的一切工作，把全部精力貢獻給翻譯十八世紀義大利思想家維柯的名著《新科學》。在十八和十九世紀，《新科學》其實並不怎麼有名，只是到了二十世紀初，經過克羅齊和尼科里尼的研究介紹，才日益成爲一部重要的歷史哲學著作，在西方發生廣泛的影響。克羅齊曾說「新科學實在就是美學」，給維柯以很高的評價。可是朱先生翻譯《新科學》，並不僅僅由克羅齊注意到維柯，而且由馬克思注意到維柯。他在六十年代編寫《西方美學史》的時候，對維柯的介紹主要在神話即詩和形象思維這一方面，而八十年代全力翻譯《新科學》，強調的卻是維柯哲學思想的核心，也就是眞理即創造的實踐這一重要原理，以及與此相關的「人類創造世界而且同時創造他們自己」的思想。朱先生自己曾明確指出維柯與馬克思相近之處和他能給予我們的啓示：

> 在一些基本哲學觀點上（例如人性論、人道主義以及認識憑創造的實踐活動觀點、人類歷史由人類自己創造出來的觀點等），維柯都是接近馬克思主義的。我在人性論和人道主義以及形象思維等問題的爭論中曾公開發表過我的意見，這些意見和一般報章雜誌中流行的議論原是唱反調的，但是贊同我的看法的人已一天多似一天，因此深信眞理越辯越明。近年來一直在流行的哲學和文藝方面的「反映論」，以爲哲學思想和文藝創作都應「如實地」反映客觀世界，不應夾雜個人主觀情感和思想，稍涉主觀便成了罪狀。我一直堅持的「主客觀統一」，大約在五十年代前後，也一直成爲攻擊的目標。看輕主觀其實就是看輕人，所以人性論、人情味和人道主義才可以構成罪狀。自從在維柯的《新科學》和馬克思主義經典著作兩方面下了一點功夫，我比從前更堅信大吹大擂的「反映論」對哲學和文藝都沒有多大好處。[13]

朱先生在這裡批判以爲文藝像鏡子那樣「反映」現實的機械觀點，正和自五十年代美學討論以來他所寫的許多文章一樣，歸根到底都是要說明，美既不是物或物的屬性，也不是心或心的作用，而是物與心的結合，是客觀和主觀的統一，而在人的感覺和認識裡，人這個主體起著相當重要的作用。簡言之，肯定人和人的創造性，肯定藝術價值的美學，這就是朱先生到晚年仍然爲之奮爭的理論。這毫無疑問是美學研究的重大問題，然而也是基本的問題，因爲否定了人和人創造的藝術，哪裡還有什麼美和美學？在這個意義上說來，這其實是爭取美和美學存在權利的問題。中國最傑出的美學家要花那麼大的力氣來解決這樣基本的問題，想來也不能不令人痛惜！以朱先生那樣深厚的理論修養和敏銳的藝術鑑賞力，如果他不必在這上面花那麼多精力，在文藝理論和美學更廣闊的領域中，在更多的具體問題上，他又會作出怎樣巨大的貢獻！在他早年寫成的《悲劇心理學》、《文藝心理學》、《詩論》、《談美》、《談文學》等等論著中，對詩、戲劇、創作和欣賞等重要問題，已經作出那麼深入的探討，在具體美學問題上已經取得那樣的成就，而在他後來的著述中，對這些問題卻沒有再進一步討論，這不能不說是極大的損失和遺憾。

探求美的精神

就朱先生一生事業和對美學的貢獻說來，他那些影響頗大的早期著作是不應該也不可能一筆抹煞的。上海文藝出版社在一九八一年決定爲朱先生編印文集，使朱先生有影響的舊作得以重新面對讀者，其中包括朱先生的博士論文《悲劇心理學》。這是一部英文著作，一九三三年法國史特拉斯堡大學出版社出版。此書是用英文寫成的，所以在國外曾發生過一些影響。我所見到的有英國格拉斯哥大學拉菲爾教授（D.D.Raphael）一九六〇年出版的《悲劇論》（*The Paradox of Tragedy*），拉菲爾在這本書裡論述悲劇快感、悲劇與宗教的關係等問題，把朱先生的論文作爲涉及同類問題的一部重要著作來討論。他雖然並不完全贊同朱先生的意見，卻承認朱先生把悲劇和崇高感聯繫起來詳加討論的功績。朱先生委託我代他翻譯《悲劇心理學》，我覺得這本書是朱先生早年在國外留學的成果，包含著他後來許多著作的思想萌芽，應當讓國內讀者知道，於是欣然從命，在一九八一年暑假譯完了全書。後來三聯書店重印《詩論》，朱先生又委託我負責文字的校訂，對我十分信任。朱先生的早期著作討論了很多具體問題，對我們至今仍有許多啓發，而且文字流暢雋永，以親切的態度對讀者侃侃而談，正如朱自清爲《文藝心理學》所作序文所說，「頭頭是道，醰醰有味」。[14] 朱先生的早期著作，尤以《談美》和《詩論》最爲膾炙人口。就拿《談美》和《談美書簡》的文字來比較，早年寫的那一部讀來就顯得更加親切有味。記得朱師母曾私下對我說，《談美書簡》大不如年輕時寫的《談美》那樣明快清新，我心裡也有同感。究其原因，恐怕並不是作者年齡上的差異，而是因爲《談美》比後來的《談美書簡》涉及更多具體的文藝鑑賞問題，有更多取自日常經驗和具體文學作品的例子，使人覺得入情合理。至於《詩論》，朱先生自己曾說那是他心中的主題，在那上面他用力頗多。這本應用近代批評觀念和方法於中國詩鑑賞的小書，至今仍保留著它的特色和價值。我相信，朱先生這些早期著作是讀者所喜愛的，對愛好文學的青年尤其會有很大的吸引力。

朱先生常常告誡願意學習美學的青年，一定要有文藝創作或欣賞的經驗和廣博的知識，不要做空頭理論家，更不要盲從空頭理論家。他自己的文章總以文字優美、說理透闢見長，這就和他的鑑賞趣味和修養分不開。記得有一次朱先生和我談起他的求學時代，說香港有一宋皇台，是紀念陸秀夫負小皇帝投水的地方，他在香港大學做學生的時候曾到那裡憑弔過，而且寫過好幾首詩。這些詩他都忘卻了，只有一首還記得，於是用筆寫給我。詩曰：

蒼鷹凌清風，海螺呷潮水；
吁嗟正氣微，留此清靜理。

這四句詩在平淡自然中蘊含一種豁達的態度，其意境和情調似乎和朱先生後來寫的許許多多文章有一種默然契合的聯繫。豁達開朗這四個字，確實可以用來描繪朱先生的性格。他在任何時候都對人生抱著樂觀態度，在文革中被關進「牛棚」，精神和肉體都遭受極大折磨的時候，正是這種樂觀態度使他歷經磨難而活了下來。雖在八十多歲的高齡，他仍然健康地活著，每天還堅持工作數小時，除了《談美書簡》之外，八十歲以後寫的文章還匯成一集，一九八〇年由天津百花文藝出版社印行。朱先生取法國畫家米勒（Jean François Millet）名作《拾穗者》之意，把這本書題爲《美學拾穗集》，這裡面的許多文章，像馬克思《手稿》的譯註，使人不能不佩服作者思路的清晰和論證的嚴密。有一件事給我留下的印象特別深。那是我做北大研究生時，在中文系的好友鍾元凱君想向朱先生請教有關形象思維的幾個問題，我們一起去找朱先生談。談話涉及的內容很多，使我最感驚訝的是朱先生由一個問題發揮出去，談到許多別的問題，引我們涉及許多別的內容，在已經愈走愈遠的時候，又會突然把話題拉回到出發的那一點，說明開頭討論的問題。談話中思想那麼敏銳，思路那麼清晰，隨時意識到議論的中心問題之所在，這恐怕是許多年輕人也難以做到的。朱先生說起話來聲音不大，帶著他安徽桐城的鄉音，可是炯炯的目光卻使人感覺到他不尋常的精力和智慧。在先生的晚年，看到文革之後百廢待興的局面，他對於獎掖後進可謂不遺餘力。除了帶兩位研究生之外，他還時常注意和鼓勵年輕人在學習美學上的每一點進步。朱先生好幾次提起蕭兵，要我注意他寫的文章，還親自帶社科院哲學所的鄭涌到我住的宿舍，介紹我們認識。他唯一的希望是中國的美學研究能夠後繼有人，衝開各種各樣的羈絆向前邁進。

一九八三年十月底，我離開北大去美國哈佛學習。臨行前幾天，三聯書店的范用「老闆」和沈昌文、董秀玉兩位編輯約朱先生和我到城裡吃飯。那一天朱先生興致很高，大家談得十分愉快。我們給朱先生祝酒時還說，到一九八七年先生九十大壽的時候，我們一定要再在一起聚會慶祝。沒有想到這個意願竟未能實現，而那次聚會也竟是與朱先生最後的一次長談！朱先生在一九八六年仙逝，而我遠在異域，未能最後再見先生一面，想來不能不令人黯然神傷！可是朱先生一生的事業和成就使他的聲名長存，將永遠爲未來的莘莘學子所追念，這又是我們大家都可以告慰的。如果我們幻想人的靈魂可以存在，那麼先生現在終於到了另一個世界裡，去和他所敬仰過的眾多先哲們對話了。在那裡，擺脫一切眼前實際利害的考慮和外在的權威，哲人們的靈魂是眞誠而自由的，他們將樂於傾聽別人的意見，互相砥礪，會在平等的討論中探求美而完善的精神，探求精神的完善和美。

註釋

① *Milan Kundera, The Book of Laughter and Forgetting,* trans.Michael Henry Heim (Harmondsworth: Penguin Books,1980),p.3.

② 《談美書簡・三・談人》，《全集》第五卷，二百四十四頁。

③ 參見「我的文藝思想的反動性」，《美學批判論文集》，《全集》第五卷，十一至三十九頁。

④ 「論美是客觀與主觀的統一」，《全集》第五卷，七十四頁。

⑤ 「《經濟學-哲學手稿》新譯片斷」，《美學拾穗集》，《全集》第五卷，四百六十頁。

⑥ 參見Immanuel Kant,*Critique of Judgment*,trans.Werner S.Pluhar(Indianapolis:Hackett,1987),pp.76-77,83-84,166-67.

⑦ 參見「馬克思的《經濟學-哲學手稿》中的美學問題」，《美學拾穗集》，《全集》第五卷，四百一十二至四百三十七頁。

⑧ 《西方美學史》上卷，「再版序論」，《全集》第六卷，二十七至四十一頁。

⑨ 《談美書簡．十三．結束語》，《全集》第五卷，三百三十六頁。

⑩ 《談美書簡．二．從現實生活出發還是從抽象概念出發？》，《全集》第五卷，二百四十二頁。

⑪ 「馬克思《經濟學-哲學手稿》新譯片斷」，《全集》第五卷，四百五十頁。

⑫ 同上，第四百五十七頁。

⑬ 《維柯的〈新科學〉的評價》，《朱光潛美學文集》第三卷（上海：上海文藝出版社，一九八三年），五百八十四至五百八十五頁。此文不知何故未收進《全集》，故以上海文藝版《文集》爲據。

⑭ 《文藝心理學》朱自清序，《全集》第一卷，五百二十二頁。

懷念錢鍾書先生

我第一次見錢鍾書先生是在一九八〇年，可以說是相當偶然的機遇。當時我是文革後首屆考入北京大學的研究生，而錢先生在社會科學院，既沒有收研究生，也很少與人來往，更不用說像我這樣的後輩。一九七八年到北京之前，我在四川成都只是個中學畢業生，雖然喜好讀書，堅持自學，但畢竟條件十分艱苦，環境相當閉塞，竟從來沒有聽說過錢鍾書的名字。現在想來，這是何等的孤陋寡聞，其可怪可笑自不待言，但也未嘗沒有另一面的原因。錢先生的《談藝錄》、《圍城》等著作，四九年後在大陸銷聲絕跡，先生自己更韜光養晦，淡泊名利，自甘於默默無聞。其實在那種政治環境裡，不求聞達也適可以遠禍全身，所以在當時，錢先生的名聲在海外實遠大於國內。可是到北大後，我在圖書館見到一本舊書，即李高潔（C.D.Le Gros Clark）所譯蘇東坡賦，譯文印象不深，但前面一篇短序是一中國學者所撰，講唐宋文學流變及東坡賦特點，且不說論述精闢，單是那英文的灑脫雋永就使我大爲驚嘆，想不到中國人寫英文竟有如此精妙者。過了不久我就弄清楚，這篇序的作者就是一九七九年中華書局出版的《管錐編》的作者錢鍾書先生。我這時才知道，文革後的中國竟然還有如此奇書，而且書的作者還活在我們中間！尤其經過了文革那種讀書無用、知識有罪的黑暗年代，《管錐編》的出現更有特別的意義，簡直像在宣告天意不欲喪斯文於中華，中國文化經過了那樣的磨難，仍然能放出如此絢麗的異彩！也恰好在這個時候，我在北大圖書館讀到海外出版的《秋水》雜誌，上面重刊了夏志清教授《追念錢鍾書先生》一文。文革中海外曾訛傳錢先生去世的消息，夏先生這篇「悼文」便是這種訛傳的產物。人尚在而悼念之文已刊布於世，這實在是天下少有的怪事。如果不是文革完全閉關鎖國的特殊原因，大陸和海外必不至如此隔絕，也就不可能出現這樣一篇妙文。於是我對錢鍾書先生感到格外的興趣，讀過《管錐編》幾則文字之後，更對錢先生由衷地敬佩。

陪佛克馬拜訪

一九八〇年六月上旬，荷蘭學者佛克馬（Douwe Fokkema）到北大訪問，我陪他與北大和社科院一些研究文學的人座談，兼作翻譯。他對我的翻譯頗感滿意，就要我陪他去見錢鍾書先生。我當然知道錢先生不需要翻譯，但我很想見見這位學貫中西的大學者，便慨然應允。北大外事處一位辦事員知道後卻對我說，錢鍾書是咱們國家有名的學者，可是他的脾氣很怪，不講情面，如果他不喜歡一個人，臉色上立即就表現出來，讓你覺得很難堪。他又說，我們可以讓你去，但如果談話中你看氣氛不對，最好中途就先走。我聽完這話後頗不以爲然，因爲我有一個也許是固執的偏見，認爲學問愈大的人愈平易近人，絕不會無緣無故瞧不起人。話雖如此，我陪同佛克馬教授去拜望錢先生時，確實作了隨時可能被踢出門去的準備。到了三里河南沙溝錢先生寓所，先生親自開門讓我們進去。坐下之後，錢先生和佛克馬對談，講一口漂亮的牛津英語，滔滔不絕，根本用不著我插嘴，而且他也確實沒有理會我。大概錢先生以爲我是外事處隨員，說不定還附帶有監視「涉外」活動詳情的任務，而對這類人，錢先生的確是既無興趣，也沒有法子喜歡的。

佛克馬先生與他夫人曾合著一本討論二十世紀文學理論的書，錢先生早已看過。他稱讚這本書簡明有用，但又問佛克馬何以書中未討論加拿大著名批評家弗萊（Northrop Frye）的理論。佛克馬辯解說，弗萊的理論有太多心理學色彩，而對文學本身重視不足。我那時剛好讀過弗萊的主要著作，很喜歡他那種高屋建瓴的氣勢和包羅萬象的體系，覺得佛克馬的辯解頗有些勉強，於是說，我剛讀完弗萊《批評的解剖》（*Anatomy of Criticism*），有些不同看法。錢先生立即表現出很大興趣，並且轉過身來對我說，中國現在大概還沒有幾個人讀過弗萊的書。那是的確的，當時北大圖書館就沒有《批評的解剖》，我那一本是一位美國朋友遠隔重洋寄給我的。錢先生問我有何看法，我於是大膽講來，說弗萊的理論並不止取源於容格（Carl Jung）的分析心理學，也注重弗雷澤（J.G.Frazer）的神話分析和人類學研究，採用維柯的歷史循環論，更以自然科學爲模式，力求使文學批評擺脫主觀印象式的品評而成爲一種科學。但文學批評不能排除價值判斷，不可能成爲嚴格意義上的科學，所以我對弗萊的主張也有保留。錢先生顯然讚許我這番話，對我也明顯表示好感。他要送佛克馬先生一本《舊文四篇》，也要給我一本，於是把我叫到另一房間，一面用毛筆題字，一面問我的名字怎麼寫，又問我在北大做什麼。我回答說在北大西語系做研究生，錢先生就問我的導師是誰。我答說是楊周翰先生，錢先生說，周翰先生從前曾是他的學生。我於是告訴錢先生，我是作爲翻譯陪佛克馬來拜會他的。我知道這裡用不著翻譯，但我很想見錢先生，也就趁機會來了。錢先生立即轉身招呼楊絳先生說：「季康，把我們家裡的電話號碼寫給隆溪。」他又對我說：「以後你要來，盡可以先打電話」。

佛克馬先生和我捧著錢先生贈送的《舊文四篇》，滿心歡喜。那天下午的談話十分愉快，幾個小時很快就過去了。我們向主人告辭，錢先生和楊先生客氣地一直送我們下樓來，待汽車開動之後才回去。我這次見錢鍾書先生的情形，與外事處那位先生的事先警告恰恰相反，證明我認爲博學多識與虛懷若谷成正比的信念大致不錯。回到北大後，我立即寫了一封信，對錢先生表示感謝敬愛之情。我記起佛克馬在談話中曾盛贊錢先生博採東西方典籍，爲比較文學做出了重大貢獻，但錢先生卻立即辭謝，說他做的不是什麼比較文學，只算是「折衷主義」。那天談話全用英語，所以錢先生說的是eclecticism，而這並不是一個好字眼，我於是在信中稱讚錢先生謙虛。沒有料到星期一寄出的信，星期三就得到回音，是錢先生星期二（一九八〇年六月十一日）寫的。此信兩頁，漂亮流暢的行草，用毛筆寫成。錢先生在信中感嘆說，三十年來「宿願中之著作，十未成一」。至於「折衷主義」，他說十九世紀以來，eclecticism已成貶意詞，所以近世多用syncretism一字，但他又說：「『Eclectic』乃我似『謙』實傲之談，故我言法國『大百科全書』（實即Voltaire，Diderot）之定義：『不爲任何理論系統所束伏，敢於獨立思考（ose penser de lui-même），取各派之精華』。」這句話後來我一直牢牢記取，錢先生也用這一原則來鼓勵我。我說想作文討論弗萊的理論，錢先生在信裡就說：「尊文必有可觀，放膽寫來即可，不必多請教旁人，Many cooks spoil the broth」。[1]

得到錢先生這封信，我深感鼓舞，立即又寫一封信，報告我在北大研究莎士比亞戲劇。這封信星期四寄出，星期六又得到錢先生覆信，而這一次是英文，用打字機打印出來的，時間是一九八〇年六月十四日。信雖不長，卻寫得極爲風趣。例如對我那點西方文論知識，錢先生故意先表示「驚訝」（astonishment），然後似乎像誇獎我說：「You are easily the best-read man in this field among my acquaintances」（在我認得的人當中，你在這方面可能讀書最多），但立即又自嘲而且嘲諷似地加上一句：「of course,I am a bit of a recluse and don't know many people」（當然，我跡近隱士，並不認識很多人）。接下去談到莎士比亞研究，錢先生問我是否看過一本荒唐而又機警有趣的書（a silly-clever book by Murray J.Levith,*What's in Shakespeare's Names?*）此書以莎劇人物姓名作文章，說《亨利四世》中那個滑稽的大胖子福斯塔夫，是莎士比亞拿自己的姓氏來玩文字遊戲，因爲莎士比亞意爲「搖動長槍」，而福斯塔夫意爲「落下棍子」，二者實爲一人（According to Levith,Falstaff is Shakespeare's pun on his own name:「Shake-speare,Fals-taff-a shaking spear transmogrified into a falling staff」）。於是錢先生開玩笑說，「I therefore wish you every success in your Falstaffian research」（我祝你的福斯塔夫研究成功）。這封信的語氣似調侃而復親切，既像忠厚長者對後生晚輩的勉勵，又仿佛熟朋友之間的玩笑嬉戲。後來我發現，讀錢先生寫的信或與他談話，和讀《圍城》或他別的作品一樣，都是一種眞正的享受。無論哪種知識，何等學問，在錢先生胸中都熔爲一爐，所以談話作文，出口道來便妙語連珠，意味無窮。錢先生非常重視「文字遊戲三昧」，[2] 所以他絕不會板著面孔講官話，卻往往在嚴肅的議論中忍不住說頑皮話、俏皮話，話裡處處閃爍機鋒和睿智，常常會讓你忍俊不禁。

我注意到錢先生給我寫的頭兩封信，一封用文言，另一封用英語，於是我也用英文工工整整寫了一封回信，談我打算作的畢業論文。我的英文竟得到錢先生賞識，而自此以後，我便常常與錢鍾書先生見面，不僅多次去三里河登門拜訪，而且經常有書信往還。從一九八〇年六月最初認識錢先生到一九八三年十月離開北大去哈佛，以及後來在美國多年，錢先生總共給我寫了五十多封信。我一直把這些信珍藏起來，因爲這當中紀錄了對我說來極爲寶貴的一段經歷，可以帶給我親切愉快的回憶，也可以從中永遠吸取精神上的支持和力量。

深居簡出，明瞭一切

錢鍾書先生在學術上的崇高地位，的確是無人可以企及的。舊式的國學家不懂西學，而近世留學西洋的學者又大多缺少扎實深厚的舊學根柢。許多留學歸國的人，在五十年代中國大陸與西方隔絕之後，限於時代和環境，其知識和學術水準往往像凍結的河水，不再汩汩向前，脫離了他們賴以著書立說的思想理論之源頭活水，因而逐漸枯竭。聽錢鍾書先生談論學問令我驚羨不已的一點，就是他好像完全不受周圍封閉環境的影響，獨能在深居簡出之中明瞭一切，對西方當代理論的發展瞭如指掌。一九八〇年六月給我的第一封信裡，錢先生就說：「Frye書我雖看過，已二十年前事，記得Wimsatt曾與爭辯過。是否*Literary Criticism:A Short History*提到？去年見Jonathan Culler, *Structuralist Poetics*（英語中涉及此問題最好的參考書），屢引Frye此書，說它含有結構主義成分而未鞭辟入裡。」這就是說，錢先生在弗萊的書剛問世不久就讀過了（按《批評的解剖》初版於一九五七年），而且還注意到西方學界後來對此書的反應和評論。錢先生不僅飽讀中國古代典籍，又遍覽西方的經典名著，對當代西方學術發展有明確瞭解。《老子》四十七章云：「不出戶，知天下；不窺牖，見天道。」我向來以爲那是不可能的事，要說可能，也只是講內心的神秘經驗或宗教體驗，不是講瞭解天下的學問。錢先生就說過，老子此處所謂「知」乃「知道也」，「非指知識」。[3] 然而錢先生自己卻恰好是在知識方面，在中國當時極爲閉塞的環境裡，做到了「不出戶，知天下」。這一點確實是錢鍾書高出旁人的地方。漢學家李克曼（Pierre Ryckmans，筆名Simon Leys）曾在一九八三年六月十日的法國《世界報》（*Le Monde*）上撰文，說錢鍾書對中西文化和文學都有深廣的瞭解，因此「錢鍾書在今日的中國，甚至在全世界都是無人可比的」（**Qian Zhongshu n'a pas son pareil aujourd'hui en Chine et même dans le monde**）。我認爲這句話說得十分公道，恰如其分。

對我來說，錢先生的學問自然令我傾心嚮往，但同樣使我崇敬的還有他正直、孤傲的性格。在與錢先生交談之中，我對後者尤其有親切的體會。錢先生談話中常常品評各樣的人和事，談論各類的書和文藝，言語詼諧幽默，然而謔而不虐。初見面不久，他知道我是從四川來的，就問我認不認得吳宓先生。我回答說聽過吳宓先生的大名，但我在成都，吳先生在重慶，所以無緣識荊。錢先生聞言頗爲我惋惜，說要是我在四川有機緣認識吳宓先生，一定會得益良多。我剛到北大時，李賦寧先生也說過類似的話，使我深恨自己失去了求學的機會。不過文革時我只是中學畢業生，上山下鄉，工廠學徒，前後折騰了十年。吳宓先生五十年代後在重慶西南師範學院任教，一直被視爲改造對象而受壓制，文革中更被反覆批鬥，受盡折磨，終於含恨而死。在當時的條件下，實在是沒有見面的可能。

錢先生談話中不大提起文革，除了在楊絳先生的《幹校六記》中讀到若干情節之外，我也從未在談話中瞭解他們當時的處境。有一次偶然談起歷次改造知識分子的政治運動，錢先生對那種昧著良心、出賣靈魂整人的人，表現出極大的輕蔑。他說四九年以前，他曾經對俞平伯先生的《紅樓夢辨》從學術的角度提出過批評，但五十年代全國掀起批判俞平伯《紅樓夢研究》的運動，弄得轟轟烈烈，對《紅樓夢》一知半解甚至一竅不通的人，都在一夜之間變成「紅學家」，對俞平伯口誅筆伐。錢先生說，在那整個政治而非學術的「紅樓夢批判」中，卻始終「沒有錢某一個字」。他接著又用英語說，「If we don't have freedom of speech, at least we have freedom of silence.」[4] 我知道這句話的份量，因爲在政治運動不斷，在不少人整人而後又被人整的輪迴中，要保持沉默是極困難的事。耐不得寂寞，一發言加入對別人的批判，就立即陷入惡性的輪迴，欲沉默而不能。錢先生始終不求名利，甘於默默無聞，與他對政治極清醒的認識分不開。雖然錢先生談話很少直接涉及政治，但他卓然獨立，嫉惡如仇的品格給我留下很深的印象。所以我認爲，錢鍾書値得人敬佩的不僅僅是他驚人的淵博學問，還有他高尙的品格和獨立的精神。

與錢先生談話，更多的當然是輕鬆愉快的內容。在《談藝錄》開篇敘述緣起時，錢先生記詩友冒效魯敦促他把平時討論詩文的話寫下來，說「咳唾隨風拋擲可惜也」。我相信，凡認識錢先生，聽過他上下縱橫地討論古今學問的人，大概都會有此同感。記得李達三先生和我去見過錢先生後，大爲讚歎，覺得錢先生講話字字珠璣，但言語隨生隨滅，實在可惜。他要我學做鮑士威（James Boswell）紀錄約翰生博士（Dr.Johnson）的言談舉止那樣，把每次與錢先生談話的內容都詳細記載下來。然而我自忖並無鮑士威之才，對錢先生的學問不能瞭解萬一，更不能胡攪蠻纏，隨時到錢先生那裡上門叨擾，強言聒噪。然而當年談話雖無筆錄，某些片段卻印象深刻，難以忘懷。例如有一次談起俄國形式主義，錢先生肯定其在二十世紀文學理論中的影響，又說這種影響通過後來到耶魯任教的韋勒克，在英美新批評中也得到發展。初版《談藝錄》討論文體遞變時，錢先生已介紹了俄國形式主義，並十分讚賞施克洛夫斯基（Victor Shklovsky）認爲文體演變是把不入流之體裁忽然列品入流的看法。然而對當時俄國革命領袖托洛茨基批評形式主義那本書，即《文學與革命》，錢先生雖然不贊成其基本論斷，卻認爲其文筆不無可取。他尤其欣賞托洛茨基批判一些作家有自戀情結（narcissism），連一字一句都捨不得割棄的話，以及那段話中一些尖刻諷刺的比喻。

書癡有癡福

錢先生記憶力驚人，常常在談話中隨口引用各種語言的各種書裡有趣的地方，有時還順手從書架上取出書來，立即找出原文給我看。他家裡藏書好像並不多，但往往有外文的新書。錢先生聲望在外，文革後海外來拜訪他的人絡繹不絕，所以他對國外情況的瞭解，能遠勝於他人。按楊絳先生的說法，錢鍾書作爲「書癡」頗有「癡福」，「供他閱讀的書，好比富人『命中的祿食』那樣豐足，會從各方面源源供應。……新書總會從意外的途徑到他手裡」。[5] 錢先生也託人在海外購書。楊絳先生的《幹校六記》在香港《廣角鏡》發表，便以採購國外新書代替稿費。錢先生的《也是集》在港銷行頗好，他在信中就說：「又有買書基金矣」。（一九八四年七月七日信）錢先生讀書之多之勤，的確無人可比，這正是他能洞察一切的根本原因。不過來看望他的人多了，也成爲一種負擔，使他不堪其苦。他時常抱怨，有時也自嘲以解。例如他在一九八一年十月三十一日的信中說：「十日前有美學者夫婦惠過，攜其兒來，兒感冒未痊，傳染內人，即波及我，咳嗽引起哮喘，『閉門家裡坐，病從外國來』。」這很風趣的敘述表明，錢先生對遠道來訪的人，在抱怨中亦含諒解；但對於一切虛名和一切官場應酬，他就儘量退避。由官方安排來求見，往往會遭拒絕或婉謝，但他是個熱心腸並極講情誼的人，在私人朋友的交往中極爲率直慷慨。記得香港中文大學的李達三先生（John Deeney）通過官方渠道見錢先生而不能，就到北大找我，我給錢先生通電話之後，立即與他騎自行車到三里河，與錢先生暢談了一個下午。北大在一九八〇年成立比較文學學會，想請錢先生任顧問，由我先去遊說。錢先生回答說：「我的牛脾氣，大約你有些認識。一切『學會』，我都敬謝掛名——唯一例外是『中國古典文論學會』，那是因爲郭紹虞先生特派人來送手顫墨枯親筆函件，不得已只好充『顧問』。」使我感動不已的是，錢先生在信中說因爲和我的「私交」，決定「一定要有你的私人信附在公函裡，我才會破第二次例」。（一九八一年一月廿五日信）

我在此想強調的一點是，錢先生把「公」與「私」亦即「官」與「民」清楚分開，最能顯出他孤傲的性格和獨立的立場，而不瞭解這一點，就不可能瞭解錢鍾書其人及其思想。錢先生答應擔任北大比較文學學會顧問之後，又應允把早年一篇英文文章改寫爲《漢譯第一首英語詩〈人生頌〉

及有關二三事》，交北大《國外文學》發表。只是國外文學編排太慢，延宕時日，倒是香港的《抖擻》捷足先登，在海外先登載了這篇文章。

文革結束後，錢先生到歐、美、日本去訪問過，後來國外不少大學以最優厚的條件邀請他，他卻一概謝絕。一九八四年底，普林斯頓大學重提邀請講學一事，我那時已在美國，高友工先生就讓我代爲打探，並對我說，聽說錢先生有想出來看看的意思。錢先生回信幽默地說：「言老僧思凡下山一節，恐出訛傳。」他又告訴我，法國總統密特朗的夫人、顧問及法大使皆邀請訪法，他概「以『老懶』（un vieillard paresseux）爲詞敬謝」。既謝絕了法國，也就不好接受別國邀請。錢先生非常風趣地說：「《舊約》中*Isaiah*言埃及人云，『their strength is to sit still』（憶Emerson,Journals中曾以此語形容老大之中國），竊謂老年人當奉爲箴銘」。（一九八四年十二月十一日信）[6] 他不僅拒絕去國外，法國政府要授予他勛章，嘉獎他「中法文化貢獻」之勞，他卻「以素無此勞，不敢忝冒，囑院部堅辭」。（一九八五年五月三日信）錢先生淡泊名利如此，其氣質品格與世間追名逐利甚至沽名釣譽之徒，眞所謂天壤之別。

「無數費唇舌的事」

一九八二年五月，錢先生在信中提起除與國外來客應酬之外，「還有無數費唇舌的事（要我出來做名譽『官』），談了幾次，我還是堅持不幹。他們在想『折衷辦法』，明後日還要來疲勞轟炸」。六月廿八日來信，說這是些「夢想不到的事」，並且化用莎士比亞喜劇名言，用英文以犀利的筆法寫道：「Some are born mandarins, some become mandarins,some have mandarinate thrust upon them.」[7] 所謂「官」，即指要錢先生出任中國社會科學院副院長之職。這種事自然由不得讀書人自己做主，經過反覆勸說，「疲勞轟炸」，據說由胡喬木以清華同學和老友的名義出面，終於把這頂官帽戴在錢先生頭上。記得與錢先生見面時談起此事，他說這官實在是尸位掛名，他既不要秘書和辦公室，也不管事。錢先生還說，考古所所長夏鼐先生對「副院長」一詞有絕妙解釋。「副院長」之「副」在英文是deputy，讀音近似「打補丁」，所以他說，他只是個「打補丁」院長，強爲裝點門面而已。錢先生說完此話，自己就哈哈大笑起來。他那爽朗的笑容，我至今仍歷歷在目。雖然不得以做了「官」，錢先生對「官」卻嘲諷如故而且自嘲。例如經普林斯頓大學教授邁納（Earl Miner）等人提議，美國現代語言學會（MLA）在一九八五年聘錢先生爲名譽會員。這一名譽非常難得，是世界各國最有成就的人文學者才能享有的殊榮。錢先生一九八五年五月三日來信說，他本欲「告院方發電代辭，而院方以此乃純學術組織，且與本院有業務交往，命弟接受。紗帽在首，身難自主，不能如Valéry贊Mallarmé所謂：Pauvre et sans honneurs, la nudité de sa condition avilissait tous les avantages des autres」。[8]《談藝錄》補訂本出版後，我在美國無法購買，去信向錢先生索書。他回信說：「原爲足下保留一本待簽寄者，一不甚相識之高幹登門懇索，弟遵守『老百姓畏官』之法則，只好獻與」。（一九八五年十二月一日信）從這字句之間，足已可以看出錢先生對「官」之態度，但我也能領會，隨著錢先生的名望愈來愈大，他不能不應酬的各方面人物也愈來愈多。錢先生在同一封信裡就說：「《談藝錄》不意成暢銷書。《中國書訊》及《廣角鏡》十月號報導可見一斑，然弟本人所受各方糾纏及壓力，記者輩未知萬一也。」以錢先生那麼豐富的學識，那麼冷靜的頭腦和對人情世態那樣深刻的洞悉，任何虛假都蒙騙不過他的法眼，任何浮名都不可能引起他半點的興趣，無論什麼官位、榮譽和頭銜，在他都毫無價值。

錢先生不求名，也最怕人吹捧。我把錢先生談話中涉及比較文學的一些意見，歸納整理成一篇短文，登在《北京大學比較文學通訊》第一期上。這是北大學會幾個人自己編輯的油印刊物，不算是正式出版，所以此文的寫作曾得到錢先生首肯。但這篇文章後來在《讀書》一九八一年十月號上又正式發表，錢先生在同年十月十六日來信就說：「弟叮嚀《讀書》勿發表日譯序（因已被《廣角鏡》索去），今不特發表，且配以大文及復旦某先生之文，大有orchestrated campaign之嫌。傍觀齒冷，謗議必多。編輯者好熱鬧，害人不淺！」[9] 此後有人約稿，要我寫關於錢先生的文章，我便不敢貿然行動，先去信通報。錢先生極力勸阻說：「足下可作文之題目不少，何必取朽木枯株爲題材！」（一九八四年十一月五日信）既然錢先生這樣說，我也只好擱筆。國內後來興起「錢學」熱，承董秀玉從北京寄給我文化藝術出版社出版的《錢鍾書研究》，後來又有三聯書店出版的《錢鍾書研究采輯》。我總覺得，錢先生大概不贊成「錢學」，不過有那麼多眞誠崇敬錢先生的人研究他的著作，對我也頗有觸動。我很想寫文章加入，但錢先生的「禁令」仍然在起作用，便終於沒有多寫。只有一篇談錢鍾書語言特點的文章，寫成之後在台灣《當代》一九九一年十月號上先發表，然後才影印了一份寄給錢先生。此外還有一篇，談錢鍾書著作方式兼論系統與片段思想之關係，在一九九二年十月號的《讀書》上發表。前一篇文章，錢先生似乎還滿意，後來三聯書店出版陸文虎先生編的《錢鍾書研究采輯》，就把它收進了第二輯裡。後一篇文章錢先生以爲如何，我就不得而知了。

「這樣流毒就可以少一點」

我認識錢先生時，正在北大計劃寫論莎士比亞悲劇的碩士論文。歷來討論悲劇人物，都強調他們在性格上總有什麼弱點，因而在道德意義上應對悲劇的發生負一定責任。弗萊在《批判的解剖》裡認爲，悲劇之產生不一定源於悲劇人物的道德弱點，而往往是他們所處的崇高地位使他們在各種衝突中首當其衝，造成必然的悲劇結局。他用了一個形象的比喻說：「great trees more likely to be struck by lightning than a clump of grass」（大樹比草叢更容易被閃電擊中）。[10] 我覺得這不同於過去的很多說法，頗有新意，便打算以此作爲我論文一個基本的理論依據。我寫信向錢先生請教，他很支持我的看法，但又寫信給我說：弗萊那句話「實是西方舊喻。如十七世紀法國名史家Ch.Rollin,Histoire romaine,Liv.VI,ch.2〔我譯爲英文〕：『The highest and loftiest trees have the most reason to dread the thunder.』這個意思就是希臘古人所謂『Cut down the tallest poppies』（Herodotus,V.92作Periander或Thrasybullus語，Livy,I.54作Tarquinius語），亞里士多德Politics,Bk.III,ch.13 & Bk.V,ch.11兩次引爲例證。瑣屑供談助，也許能增進你對西方大經大典的興趣。」（一九八○年九月十三日信）錢先生爲我提供了更多例證，使我立即可以把弗萊的理論放在更廣闊的背景上，理解得更深入。其實弗萊這個比喻，錢先生論李康《運命論》時有類似的討論，指出

《運命論》「故木秀於林，風必摧之；堆出於岸，流必湍之；行高於人，衆必非之」數語，即老子所謂「高者抑之，有餘者損之」，「亦即俗語之『樹大招風』」。[11] 這正是弗萊所見出的悲劇性，而在中國古人的意識中也早有明確認識。後來我寫論文就引用了《管錐編》，並按錢先生的指點增加了幾條材料，作了進一步發揮。

從認識錢先生開始，我在學習上就不斷得到他的指點和鼓勵。不僅在北大學習時如此，後來在哈佛學習以及在往後的研究和寫作中，也是如此。從錢先生的談話和書信中，從他的著作中，我得到許多啓發，受益無窮。其中也許最重要的兩點，一是錢先生信裡所說「不爲任何理論系統所束伏，敢於獨立思考」的原則，另一點就是《談藝錄》序所謂「頗採『二西』之書，以供三隅之反」的觀念和研究方法。錢先生讀書和討論問題的範圍，總是超越中西語言和文化界限，絕不發抽象空疏的議論，卻總在具體作品和文本的互相關聯中，見出同中之異，異中之同。《談藝錄》序裡的兩句話：「東海西海，心理攸同；南學北學，道術未裂」，也許對理解東西方文學和文化有最深刻的意義。有不少人，包括西方一些學者和漢學家，也包括一些中國學者，都過分強調東西方文化的差異，將確實存在的文化差異推向極端，使不同文化成爲互相排斥的二項對立物。這樣的人往往一句話就概括整個中國，也概括整個西方，我常常覺得他們敢於那樣簡單、絕對地概括中西文化，多半是因爲他們讀書沒有錢鍾書那麼多，眼光也沒有那麼開闊遠大，無論對中國或是西方，都瞭解得很不夠。這種無知產生出來的勇氣，眞不知爲不同文化的相互理解和往來，增設了多少無謂的障礙和困難。

錢先生用自己的著作最有力地反駁了東西方文化對立論。有一次我問錢先生，爲什麼《管錐編》和《談藝錄》不用現代白話，卻用大多數讀者覺得困難的文言來寫？錢先生半開玩笑地回答說：「這樣流毒就可以少一點。」[12]然後他又認眞解釋說，《管錐編》引文多是文言，不宜處處譯爲白話，而且初稿是在文革中寫的，環境和時間都不充裕，不如逕用文言省事。不過我總認爲，此外還另有一層更重要的原因。《管錐編》開篇批駁「黑格爾嘗鄙薄吾國語文，以爲不宜思辨」。[13]錢先生用文言撰寫《管錐編》，又廣引西方文字著述，凡哲學、宗教、文學、歷史等等問題，無不涉及而且作細緻深入的探討，這就有力證明了傳統的中國語文，即文言，完全宜於思辨。這不僅駁斥了黑格爾的無知偏見，奠定了比較研究的基礎，而且爲我們跨越文化界限來認識我們的傳統，在不同文化的相互發明中研究文學和文化，提供了最佳的典範。

對年輕人特別厚道甚至偏愛

我在一九八三年十月離開北京去美國，臨行前不久和妻子薇林一起，到錢先生那裡去辭行。錢先生給我很多鼓勵，並送我上下兩冊的一套《全唐詩外編》作爲紀念。錢先生的題字中有「相識雖遲，起予非一。茲將遠適異域，長益新知。離情固切，期望亦殷」等語。我看見這幾句話，隨時感到無限親切，但又同時覺得無比愧怍。我們這一代的人（所謂「老三屆」），生長在傳統文化幾乎滅絕、現代文化未能建立那樣一種青黃不交之際，再加上求學時期遇上文革，失去十年的光陰，所以既無國學的根基，亦無西學的修養。尤其在錢先生面前，是連作學生的資格都沒有的，然而錢先生對我卻特別厚愛。記得有一次他告訴我，卞之琳先生開玩笑說我是「錢鍾書的死黨」。錢先生故意把這玩笑直解，大笑著對我說：「錢某還在，你活得還會更長，怎麼能說我們兩人是『死黨』呢？」我聽了這話深爲感愧，因爲做這樣的「死黨」是要有條件的，而我還不夠這樣的條件。錢先生給我題的字裡，「起予非一」當然是溢美之辭，「期望亦殷」四個字，在我只覺得有相當沉重的分量。然而與錢先生接觸，我深深感到，他對老輩和已經成名的人要求較高較嚴，而對後輩則往往格外寬容。我記得他曾給我看一個小本子，是某工業大學一個年輕學生讀《圍城》的筆記，手抄成一冊寄給錢先生，錢先生非常讚賞，認爲這是對《圍城》最好的評論。我相信，錢先生欣賞的是年輕人特有的熱情和眞誠，他們的評論純粹出於對《圍城》興趣和愛好，而完全沒有個人利害的關聯，沒有以此出名的打算。楊絳先生曾說錢鍾書「癡氣」，並對其種種表現有生動的描繪，我總覺得，錢先生對年輕人特別厚道甚至偏愛，在一定意義上也許就是這「癡氣」的表現之一。與錢先生談話時，我常常感到在大學者錢鍾書之外，還有一個眞摯得可愛的錢鍾書。他喜歡說笑話，說完了自己也大笑，笑得很得意，很開心，那神態有時候簡直像玩得快活的小孩子。

楊絳先生的笑則顯得溫和，幽雅，使人覺得十分親切。記得我和薇林在一個夏日去三里河拜訪，楊絳先生手裡拿一把寬窄適中的羽毛扇，一面說話，一面輕輕搖著，從容，恬靜，給我們留下的印象與我們讀《幹校六記》時的感覺相當吻合。《幹校六記》在香港《廣角鏡》發表後，我從楊絳先生那裡借來雜誌，先睹爲快。我覺得《幹校六記》那細膩的筆調，那種從一個「弱者」的眼裡看周圍翻天覆地大變化的寫法，那怨而不怒、哀而不傷的情調和風格，都是楊絳的特點。雖然她以抗戰時期創作的戲劇最為有名，但《春泥集》裡幾篇論《堂吉訶德》，論英國小說，論《紅樓夢》以及李漁戲劇理論的文章，也寫得極好，可以和錢先生的《七綴集》合觀。楊絳先生身材弱小，的確給人「弱」的印象，但在我看來，《幹校六記》第一記裡的一句話：「這些木箱、鐵箱，確也不如血肉之軀經得起折磨」，才讓我們看明白，楊絳先生其實是格外地堅強。後來陸續看到她更多的作品，尤其是《洗澡》和《將飲茶》，都顯得舉重若輕，在平淡中出深意，使人覺得有無盡的韻味。

我在一九八三年離開北京後，雖然在美國有比較好的學習和研究條件，但隨時懷念在北京能向錢鍾書先生請教，與錢先生直接交談的機會。我深深感到，尤其對於東西方文學和文化的比較研究，有錢先生指點遠勝於其它任何便利和條件。好在雖不能見面，通信中還可以常常向錢先生請教。我在讀德國哲學家伽達默的《眞理與方法》時，給錢先生談過我的體會。錢先生在一九八四年底的一封回信裡說，因為我「上信來告正讀Gadamer，弟上月初因取Gadamer，Jauss二人書重翻一過，覺漏洞頗多，他日有空，當與兄面談之（包括Derrida等之logophobia）」。[14] 沒有想到離開北京，一別就是十年。一九九三年春我回北大參加一個學術討論會，因為在學期當中，要趕回加州大學給學生考試，前後在北京只停留了五天，而恰好錢先生患病，竟未能見面。又過了五年，應清華大學講學的邀請，我在一九九八年十二月十六日再到北京，本來以為可以到醫院去看望一次錢先生，卻不料錢先生在十二月十九日仙逝，使我永遠失去了再見一面的可能。因為錢先生留下遺言，不要任何紀念儀式或活動，九八年年底的北京似乎特別冷清。不過清華大學有一些同學聞訊之後，冒著北京冬天的寒冷，一大早用白色的紙折了上千隻紙鶴掛在校園裡，用這種別緻的方式靜悄悄地紀念他們崇敬的老清華校友，値得一切愛中國文化的人引爲驕傲、感到自豪的錢鍾書先生。

在人一生的道路上，會有很多機緣，很多轉捩。我在北京能夠由一個偶然的機緣認識錢鍾書先生，又常常與錢先生見面交談，書信往還，這在我是極大的幸事。我知道，錢先生永遠離開我們了，這是在理性上必須接受、在心理上又難以接受的事實。但是我也知道，錢先生在我心裡是沒有離開，也永遠不會離開的。

註釋

① 英語諺語：「廚子太多做不好湯」。意謂「人多反而誤事」。

② 《管錐編》第二冊，四百六十一頁。

③ 同上，四百五十頁。

④ 「如果說我們沒有言論自由，我們至少有沉默的自由。」

⑤ 楊絳，「記錢鍾書與《圍城》」，《將飲茶》校定本（北京：中國社會科學出版社，一九九二），一百五十三頁。

⑥ 信中引文出自舊約《聖經．以賽亞書》第三十章第七節，上帝說埃及人：「他們的力量就在於穩坐不動。」

⑦ 「有人生就是官，有人入仕做官，還有人被硬逼爲官。」這句話來自莎士比亞喜劇《第十二

夜》第二幕第五場，但原文不是講做官，而是說身分的高貴：「Some are born great, some achieve greatness, and some have greatness thrust upon'em」。

⑧ 這是法國作家瓦勒利贊詩人馬拉美的話，意爲：「雖窮困無名，然其一無所有之境況使其它人的一切榮耀竟相形見絀。」

⑨ 信中所指係《圍城》日譯本序。兩個英文字意爲「精心策劃的鼓吹宣傳」。

⑩ Northrop Frye,*Anatomy of Criticism:Four Essays*(Princeton:Princeton University Press,1957),p.207.

⑪ 《管錐編》第三冊，一千零八十二頁。

⑫ 最近見余英時悼念錢鍾書先生的文章，也提到錢先生曾說用文言寫作《管錐編》，「這樣可以減少毒素的傳播」。見余英時，《我所認識的錢鍾書先生》，一九九八年十二月廿四日《中國時報》。

⑬ 《管錐編》第一冊，一頁。

⑭ 原信「面談」二字下，錢先生加了著重號。信中提到的人名先是德國哲學家伽達默和堯斯，後面是法國哲學家德里達。德里達批判他所謂西方的「邏各斯中心主義」，錢先生戲稱之爲「邏各斯恐懼症」。

哈佛雜憶

著名的康橋（Cambridge）起碼有兩處，一在英國，詩人徐志摩曾用他浪漫的筆調描繪過，那是劍橋大學所在之地。此外還有一處在美國麻省，是哈佛大學和麻省理工學院之所在，有查爾斯河環繞城的南面和東面流過，使康橋與波士頓隔河相望。一九八三至一九八九年我在哈佛學習，對美國麻省的康橋和查爾斯河一帶較爲熟悉，夏天曾在河畔聽過波士頓波普樂團（Boston Pop）舉行的露天音樂會，沿河駕車或在橋上步行，更不知往返過多少遍。不過對我說來，查爾斯河的柔波固然優美，卻畢竟不如哈佛的樓宇給我更多親切的回憶。

色彩繽紛，新鮮明亮的環境

離開哈佛十多年了，我仍然清楚記得初到學校時住過的研究生宿舍柯南樓（Conant Hall），也記得後來住過的幾處地方。哈佛燕京學社座落在神學院路二號，門前有一對神氣的中國石獅子，裡面是收藏極富的東亞圖書館。壯麗的威德納（Widener）圖書館則在哈佛園內，前面是一片開闊的草坪，正對著有白色尖頂鐘樓的紀念教堂。這主圖書館的正門很高，許多級寬闊的石台階引至一排希臘式廊柱，然後是一扇鐵鑄大門，頗為氣派。館內收藏圖書三百多萬種，是全世界最大的大學圖書館。近旁一圓形建築是霍通（Houghton）善本圖書館，其中收藏各種手稿和珍本，為研究西方人文歷史提供豐富的原始材料。佛格（Fogg）藝術博物館收藏西方造型藝術精品，我很驚訝地發現，這雖然只是一個大學博物館，其中卻有從文藝復興到古典主義、從十九世紀印象派直至二十世紀的許多傑作。在書籍和明信片上早見過的一些名畫，想不到原作就藏在這裡。哈佛的薩克勒（Sackler）博物館收藏古希臘羅馬藝術以及古代亞洲和伊斯蘭藝術，其中尤以中國古代青銅器和玉器的收藏著稱。此外，我也常去拉芒（Lamont）圖書館、皮玻第（Peabody）人類學和考古學博物館，還有鮑伊斯頓（Boylston）大樓。我在比較文學系讀博士，系辦公室就在這座樓上，樓前有一隻大石龜，背上托著一塊大石碑，在哈佛校園裡，來自中國這塊石碑顯得別有一番風味。

因為哈佛和麻省理工學院都在康橋，這個城市充滿了濃厚的學術氣氛。尤其在小小的哈佛廣場一帶，有好多家各具特色的書店、咖啡館、商店和餐館。這裡的書店面向大學讀者，各種學術著作應有盡有，而且從清晨開到深夜。無論陽光和煦的春日，或冰雪覆蓋的寒冬，哈佛廣場總是十分熱鬧，而在熙來攘往的人群中，很多是大學生和研究生。他們衣著各異，但大多整潔簡樸，在淡雅中顯出各自的趣味和修養。他們或挾著一包書匆匆趕去上課，或三五成群地坐在一起交談。如果你留心他們的談話，就會常常發覺當中有不少人來自世界各地，在英語之外，還會聽到一些別的語言，使人感到這裡的確具有「國際性」。他們的談話和舉動往往比較快捷，使康橋這個大學城充滿年輕人特有的活力與朝氣，似乎色彩繽紛，給人以新鮮明亮的感覺。

得各家教授之益

哈佛有不少滿腹學問的名教授，從他們那裡當然可以學到很多。我到哈佛比較文學系時，哈利．列文（Harry Levin）教授剛退休，後來只在系裡的聚會上見過他幾次，也聽他作過一兩次演講。他的演講總是旁徵博引，引用數種歐洲語言的名言警句，既淵博又恢諧而機智。我自己覺得受益最多的幾門課，其中之一是聽傑姆士．庫格爾（James Kugel）講《聖經》與西方文學批評的發展。但那不是講一般的文學批評，也不是把《聖經》當文學作品來讀，而是討論經典與整個文化傳統之關係，涉及許多文化史上的大問題。就在那門課上，我第一次讀聖奧古斯丁《基督教教義》一書，發現那薄薄的一本小書包含了許多極有意思、在西方歷史上也極有影響的一些觀念，而奧古斯丁對閱讀過程和不同符號的分析，可以說在千年以前，早已得現代符號學理論之先聲。我爲那門課寫的期末論文得到庫格爾教授好評，後來投稿《比較文學》（*Comparative Literature*），刊發在一九八七年夏季號上。

哈佛英文系教授芭芭娜．盧瓦爾斯基（Barbara Lewalski）是彌爾頓專家，跟她讀《失樂園》眞是韻味十足，用這部重要作品來檢驗當代各派批評理論，對瞭解這些理論的得失，也很有用處。英文系研究維多利亞時代文學的權威傑洛姆．巴克利（Jerome Buckley）教授，退休前最後一次開課講十九世紀三大批評家阿諾德、裴德和王爾德，十分精彩。我上此課得益很多，期末寫了一篇論文討論作爲文學批評家和理論家的王爾德，也頗得巴克利教授讚賞。在最後一堂課上，他當衆念了給我的好評，並鼓勵我去發表。後來我投稿《德克薩斯文學與語言研究》（*TSLL*），果然被採用，發表在一九八八年春季號。數年後史丹福大學的伽格尼爾（Regenia Gagnier）教授編一本英美有關王爾德的論文集，還收了我那篇文章。

我在中國沒有真正接觸過佛洛伊德心理分析學，有一個學期聽哲學系教授斯坦利・卡維爾（Stanley Cavell）講心理分析與莎士比亞，就到圖書館借來五卷本佛洛伊德的主要著作瀏覽一遍，又選讀多卷本全集中一些重要篇章。看完之後，自覺頗有收益，但也覺得那種理論很多地方荒唐牽強，無法使人信服。佛洛伊德有他獨到的見解，他在西方的影響更不容忽視，不過心理分析用在文學批評上，往往弊多於利。用佛洛伊德來深入探討文學敘述問題，我所知寫得最好的一本書，是耶魯大學教授布魯克斯（Peter Brooks）所著《研讀情節》（*Reading for the Plot*），但一般所謂佛洛伊德派文學理論，卻大多故弄玄虛，以蒙昧充深刻，反不如佛洛伊德本人的文字明白曉暢，令人佩服。更重要的是，佛洛伊德對自己的理論常常反躬自問，絕非如有些教條主義的心理分析派批評家那麼自信。

哈佛除了學問淵博的教授之外，更有很多聰明好學的大學生和研究生，所以在哈佛學習，不僅從教授們那裡學到知識，更能在與同學的切磋砥礪中，互相啓迪，激發新的思想。比較文學系的研究生們各有不同的研究範圍，甚至掌握的語言也不一樣，他們多半研究歐洲各國各時期的文學，大家在一起交談，尤其能互相激勵，長益新知。在取得博士資格的大考之前，我和另外兩位美國同學一起準備，萊絲麗（Leslie Dunton-Downer）是比較文學系的同學，她專攻中世紀歐洲文學，並很有寫作才能，畢業後據美國作家愛倫・坡一作品改寫的歌劇，曾獲一項重要的藝術獎。另一位是英文系同學葆拉（Paula Blank），她專門研究文藝復興時期英國文學。她們兩人各有專長，讀書很多。我們每週聚會一次，把歐洲文學史分不同階段，每人負責報告一個階段或一個主題，然後互相提問研討。與同學互相探討對答，是我在哈佛學習收獲頗豐的一段愉快經歷。

施垂特爾與其他幾位先生

在哈佛指導我論文的老師是尤里・施垂特爾（Jurij Striedter）教授，他生在俄國，長在德國，是德國康斯坦斯學派開創人物之一，後來受聘到哈佛任教。他論俄國形式主義和捷克結構主義的著作，在學術界很有影響。因爲我研究文學闡釋學，而他在德國曾師從闡釋學大師伽達瑪（H.G.Gadamer），對闡釋學和接受美學造詣很深，所以他指導我做論文。不過他因爲不懂中文，就請東亞系教授歐文（Stephen Owen）協助他審讀論文。施垂特爾教授頗有德國學者思辯精微，認眞嚴謹的學風，讀我的論文一絲不苟，對我幫助很大。歐文教授有很多討論中國古詩及文論的著作，尤其在翻譯介紹中國古典文學和文論方面，作出了不少貢獻。在有關中國文學的許多問題上，我和他的看法往往不盡相同，但我們在一起討論中國古典文學，也頗爲愉快。

在哈佛還有幾位教授，雖然我沒有正式上他們的課，但常在一起交談，形成亦師亦友的關係，使我時常想到他們，感念於懷。英文系中世紀文學專家布隆菲德（Morton Bloomfield）教授約我一起吃過幾次午飯，也請我上他家去過，對我研究諷喻（allegory）文學大加鼓勵，也給我很多指點。人類學系的張光直教授不僅是考古專家，也是美食家，對中國飲食傳統深有研究。他和我常常光顧哈佛廣場的幾家餐館，尤其喜歡去馬薩諸塞大道一家叫海豚（The Dolphin's）的希臘式海鮮館。他一面吃飯，一面關切我的學習情況，海闊天空地無所不談。

我極敬重的還有史華茲（Benjamin Schwartz）教授，他不僅研究中國近代史和古代思想史很有成就，而且對西方文化傳統有十分深入的瞭解，遠非一般漢學家可比。我們常在一起散步交談，他很鼓勵我比較研究中西文學和文化。我反對把中西文化截然對立的看法，更得到他的支持和贊同。後來我的英文著作《道與邏各斯》獲得列文森書獎的榮譽獎，就得力於史華茲教授的推薦。以上這三位在哈佛結識的師友，現在都已作古，但他們的著作永在，他們在學術界的盛名和影響亦將長存不朽。他們的學術思想和我對他們的尊敬和感激，用這樣寥寥數語，實在不能道其萬一，但說起康橋，念及哈佛，就不能不想起他們的音容笑貌，哪怕簡短的幾句話，在我也總算表達了自己一點思念緬懷之情。

在哈佛交談極多的，還有英文系的丹尼爾．艾倫（Daniel Aaron）教授，他雖然早已退休，但由於他的聲望和對學術的貢獻，也由於他精力過人，一直積極從事研究和寫作，哈佛校長特別讓英文系保留他的辦公室。他住在學校附近，每天騎自行車到校，連星期天也不例外。我常到他辦公室和他聊天，談學問，談時事，談中國，談美國，無論什麼話題，都可以推心置腹，暢所欲言。丹尼爾到過中國，對中國很感興趣，尤其關心中國知識分子的情形。我到哈佛不久便認識了他，很快成爲經常見面的忘年之交。他常常叼著一隻大煙斗，坐在那張寫字檯後面，一面聽我講，一面提出一些問題或發表一通意見，或者給我談論有關美國歷史和文學的問題。他寫的文章，文字簡練生動，讀來眞是一種享受，而他的談話也既有學問又很風趣，與他交談總是十分愉快。我寫的英文文章，他幾乎都要拿去一份，仔細看過之後給我提出意見。他曾指點我說，作文要特別留意動詞的運用和把握句子節奏，避免拖沓冗贅。在寫作和學術研究上，丹尼爾的確給了我很多幫助。最近十年間，他都在寫一部回憶錄，但不是著眼於個人經歷，而是通過他的經歷，尤其他一生中結識的許多人物，寫出二十世紀的美國歷史。前不久接到他一封信，說起二〇〇一年九・一一恐怖主義分子襲擊之後的情形，認爲美國經受這樣一種前所未有的打擊，在社會和經濟生活上都發生了深刻變化。他說，這一巨變和美國歷史上其他重大危機一樣，「引出了我的同胞們最好和最壞的方面，到目前爲止，最好的方面佔主導，盡管已經產生了一些極惡劣的後果。總的說來，紐約人表現出了一種不動聲色的英雄主義（a quiet heroism）。」他還告訴我說，他的回憶錄基本上已經完成，並寄給我在《哈佛雜誌》上發表的一段，寫在美國經濟大蕭條的三十年代中，他從芝加哥乘車來康橋，到哈佛做研究生的過程。這部由個人回憶角度寫的二十世紀美國史，預計二〇〇三年在美國出版。丹尼爾在信中寫道：「我發現到了八十九歲，我的行動甚至和十年前相比，也已經大不如前。我騎自行車倒還勝任愉快，但女孩子們已經走得比我快（這徵兆大爲不妙），而且我記人姓名的能力也大有衰退。」大約兩年前我在久別之後重到哈佛，恰好是個星期天，可是和十多年前一樣，丹尼爾仍然在他辦公室裡。我在那裡和他見面，契闊談讌，親切如故，好像昨天才見過面一樣。他的精神依然矍鑠，聲音依然爽朗，談起話來依然那麼條理分明，興味盎然。我祝願丹尼爾活到一百多歲，而且相信這絕不成問題。

「康橋新語」

哈佛的師友中，有不少來自大陸、台灣、香港等地的華人。大概從一九八三年年底起，大家每月聚會一次，或在陸惠風先生家，或在卞趙如蘭女士家，每次請一人主講，講完之後自由討論，或議時事，或論學術，海闊天空，無所不談。這仿效十八世紀法國沙龍式的聚會，參加者不僅有波士頓地區的華人朋友，而且有少數幾位研究中國學問、講得一口流利漢語的西方人。張光直先生來自德國的高足羅泰（Lothar von Falkenhausen），就常常參加這樣的聚會。我們爲這每月的聚會取名「康橋新語」，這當然取意魏晉清談，同時也以「康橋」二字，點明我們在美國哈佛這樣一個特殊的文化環境裡，舉行這一沙龍聚會。在哈佛這樣的聚會，我參加了六年。一九九八年到香港城市大學工作，從紐約來的鄭培凱教授恰好也到城大，他當年也曾常常參加「康橋新語」的聚會，我們現在成爲同事，就一起在香港辦起了類似的文化沙龍。城大張信剛校長有很深的人文素養，他和夫人周敏民女士在校長住宅辦起了規模更大的文化沙龍，於是每月有一個晚上，城廬高朋滿座，談文化，論學術，更時有傑出的表演藝術家現身說法，既讓大家欣賞藝術，又談論與之有關的話題。無論在康橋或在香港，在哈佛或在城大，這種文化沙龍爲提高我們生活的素質，都極爲重要。據聞以前有香港是「文化沙漠」的說法，可是近年來香港人才薈萃，大陸、台灣和海外學術界、文化界人士過往香港者更不計其數，誰還能說香港沒有文化呢？我們的文化沙龍與當年哈佛的「康橋新語」一樣，目的都是希望在緊張忙碌之中，在市井繁華之外，爲我們自己開闢一片自由的空間，可以以超然的態度，討論有關文化的種種問題。這自由空間需要我們自己去創造，這自由空間裡的人文關懷，也正是我當年在康橋深深感受到的氛圍和精神。

離開康橋十多年了，這當中我也曾回哈佛去過幾次，但畢竟有新的工作，新的環境，有新的道路，更有新的進取，和做研究生的階段已經很不一樣。有時回想起來，我文革後考入北京大學讀碩士，後來留北大任教，在北京前後五年，那是生活中一次大的轉折。在北大任教兩年後，我到哈佛繼續攻讀，在康橋前後六年，那是生活中又一次大的轉折。先哲有言謂生命有限而智術無涯，正因爲學無止境，人的一生應該是一個不斷學習的過程。而在我的學習過程中，能有機緣到北大和哈佛求學，可以說是我的幸運。我每想起康橋，便有一份親切感，念及哈佛，也總有許多愉快的記憶。我覺得這些記憶也許像上好葡萄釀出的好酒，時間愈久，會變得愈加香醇。

二〇〇二年五月十八日寫畢

Part 2 觀察

a e i u o

有時候跨文化閱讀的樂趣在於一種新發現：本來毫不相干的不同文本，轉瞬之間在思想和表達方面卻不期而遇，發生意外的契合。文本越是不同，那種契合給人帶來的滿足感也就越大。……

中國古代的類比思想

司馬遷在《史記．太史公自序》裡，以孔子著《春秋》爲先例，證明寫歷史是記述過往以明王道，辨人事，別是非，而且引孔子的話說：「我欲載之空言，不如見之於行事之深切著明也」。因此，古人認爲歷史敘述可以明道德，理政治，爲治國治人者提供參考。所以北宋司馬光修史稱《資治通鑑》，而謂「六經皆史」的清人章學誠也在《文史通義》開篇就說：「古人未嘗離事而言理」。因此在中國，從孔子著《春秋》開始，歷史就在爲人們提供例證和借鑑，由此而證明自己的合理性，也就是說，歷史家們強調，歷史事實和事件作爲具體例子，比抽象說理能更有效地教給人道德原則和哲理智慧。

「理義之悅我心」

然而通過具體例證來傳達有一定抽象涵義的觀念，卻並非歷史學家的專利。東漢時候的趙歧註《孟子》，就引用了司馬遷引用過孔子所說那同樣的話，以此來描繪孟子如何用歸納法，即如何從具體事實和例子得出普遍性結論，來論述他對人性等問題的看法。孟子主張人性善，可是他並沒有由某種先驗性的抽象前提來立論，而是採用類比的辦法，用水由上而下流動這一毫不相干的類比，來論證他的觀點。孟子說：「人性之善也，猶水之就下也。人無有不善，水無有不下。」我們也許會覺得這句話很奇怪，因為孟子並沒有首先奠定一個邏輯的基礎，說明水和人性如何相似而可以類比。這一類比性是在較有說服力的別處地方建立起來的。孟子肯定說，人對於別人的痛苦，在內在本性上都必然抱一種同情，在此他又用類比，假設「人乍見孺子將入於井」這樣一個具體情景，然後說任何人遇見這樣的緊急情形，「皆有怵惕惻隱之心：非所以內交於孺子之父母也，非所以要譽於鄉黨朋友也，非惡其聲而然也。由是觀之，無惻隱之心，非人也」。同樣，孟子論述人性善之普遍，也是從口味和其他感覺的具體例子得出結論。他說：「口之於味，有同嗜焉；耳之於聲，有同聽焉；目之於色，有同美焉。至於心，獨無所同然乎？心之所同然者，何也？謂理也，義也。聖人先得我心之所同然耳。故理義之悅我心，猶芻豢之悅我口。」以上這些就都是類比思想的例子，這是在兩個不同事物或情景當中找出對應關係的思想方法，所以基本上是一種聯想或隱喻的思維方式。葛兆光在《中國思想史》裡有「作為思想史的漢字」一節，就把中國古代這種類比思想追溯到中國古代語言文字的形成，認為中國古人「不習慣於抽象而習慣於具象，中國綿延幾千年的、以象形為基礎的漢字更強化和鞏固這種思維的特徵」。中國古代這種類比思想是「常常憑著對事物可以感知的特徵為依據，通過感覺與聯想，以隱喻的方式進行系聯」；甚至認為中國古代的思想世界有一種「感覺主義傾向」。（見葛著《七世紀前中國的知識、思想與信仰世界》，一百一十五，一百一十九，一百二十二頁）從語言與思維的密切關聯中，我們的確可以看出在中國古代，類比思想是非常突出的一個特點。

類比或對應在中國古代的環境裡，有非常豐富的內涵。我們可以想到中國古代的天下觀或宇宙觀，這在漢代已充分發展，其因素則早見於先秦，不僅在《周易》裡可以看到，在道家和其他諸子著作中也早現端倪。春秋戰國時代中國許多思想家都有一個共同而且古已有之的看法，即認爲天體星辰的世界與地上的人事互相關聯感應。到漢代更逐漸建立起一整套互相關聯的系統，其中道、陰陽、四季、五行等等都是最重要的概念，規範著中國思想世界中的一切事物。《周易·系辭上》：「天尊地卑，乾坤定矣」。八卦之首乾可爲天、爲首、爲父、爲馬、爲大赤，第二卦坤則爲地、爲腹、爲母、爲牛、爲黑等。孤立地看來，這些卦象似乎沒有什麼道理，可是把它們放在一起，如天、首、父、馬、大赤等等，就顯出乾卦某種陽剛的性質，而地、腹、母、牛、黑色等等，又顯出坤卦某種陰柔的性質。所以這些意象都和某一個卦形成類比的關係，都部分地暗示這一卦的性質或本質。把這些意象一一相對並列，如天與地、首與腹、父與母、馬與牛、赤與黑等等，就更呈現出一種意義明朗的形狀，表明乾與坤之間有陽與陰、剛與柔、上與下、尊與卑的關係。因此，我們由具體意象及其相互關係中，可以認識到乾卦與坤卦的性質，也由這些意象的象徵意義中，得出八卦這樣一個抽象觀念的系統。類比思想就是從具體引向抽象，或者說在具體中顯示出抽象。

天道和人世的對應也許是最早也最重要的類比。我們可以再引《周易·說卦》裡的話：昔聖人作《易》，「以立天之道曰陰與陽，立地之道曰柔與剛，立人之道曰仁與義。兼三才而兩之，故《易》六畫而成卦」。在這裡，天、地、人這三才的對應關係，是用中國古代詩文裡典型的駢偶句式來表述的，或許我們可以說，正是中國古代的類比思想為中國詩文裡這種駢偶句式提供了思想基礎。《系辭下》有一段著名的話講八卦起源，清楚描述古人如何從具體事物及其圖形中創造出抽象符號，而那段話也是取典型的駢偶句法來表達的：「古者庖犧氏之王天下也，仰則觀象於天，俯則觀法於地，觀鳥獸之文與地之宜，近取諸身，遠取諸物，於是始作八卦，以通神明之德，以類萬物之情。」聖王能夠理解天地人之間的對應關係，並從天地自然可見的跡象中得出對於人世的意義。所以《管子．心術下》說：「聖人一言解之，上察於天，下察於地。」由此可見，思想中的類比產生出語言表述中的駢偶對仗，兩者都指出具體和抽象、個別和一般、意象和所包含的普遍意義之間的對應關係。

東西方傳統中都有的東西

可是，類比思想即從個別例證得出一般結論，是否中國所特有獨具的呢？或換一個說法，中國語言是否像某些漢學家所說那樣，是一物質性具體指事的語言，是只有字面直解意義的語言，而難於表達有別於具體或個別的抽象概念呢？確切無疑的答案是否定的。只有把一種文化的豐富複雜大刀闊斧地削減成一付漫畫式的簡單形象，才可能把整整一個文化傳統與別的傳統對立起來，描繪出一幅黑白分明的圖畫。中國的具體思維與西方的抽象邏輯之間的對立，或者中國的內在與西方的超越之間的對立，就是這樣一幅面目全非的圖畫。事實是類比、聯想或隱喻式思維在東西方不同傳統中都有，在古代尤其如此。恩斯特．卡西列就指出過，每一種語言都有一個神話語言的過去，其中類比思維佔據了主導地位，即「整體的每一部分就都是那個整體；每一個例子都等同於那一類別」。他又繼續說，這種隱喻思維的基本原則就是「以局部代全體的原則」（Ernst Cassirer, *Language and Myth*, p.92）。卡西列認爲，在現代社會中，語言也許已經喪失了直接經驗的豐富性和隱喻的力量，但是在詩裡，「語言不僅還保留著它原創的力量，而且不斷更新這種力量；在詩裡，語言經歷一種永遠的靈魂轉世的變化，同時達到肉體和精神的再生」。（同上，九十八頁）無論在中國還是在西方，都發生了由類比思維和隱喻語言到現代邏輯推理和概念表述的變化，所以把類比思維視爲獨特的「中國思維方式」，就好像把中國凍結凝固在遙遠的古代，而認爲只有西方才經歷了近代歷史中所有充滿活力的激烈轉化，而那顯然是錯誤的看法。

英國批評家提利亞德曾提出有名的說法，指出在「伊麗莎白時代的世界圖象」中，類比或感應是一個非常重要的部分。自然是一個大宇宙，而人則是一個小宇宙。「人被稱爲一個小宇宙」，那是莎士比亞時代的尋常觀念，而究其原因，「則是因爲人具有宇宙所有的特性」（E.M.W.Tillyard, The Elizabethan World Picture, p.66）。那是文藝復興時代人文主義者繼承下來的中世紀世界圖象，在那個圖象中看來，世界是一個井然有序的宇宙，其中一切事物都互相關聯，構成一個存在的大鏈條（a great chain of Being）。我們要深入理解莎士比亞、彌爾頓、約翰·唐恩和十六至十七世紀文學、哲學和宗教中許多其他重要作品，就必須瞭解那個時代天與地、自然和人類互相感應的重要觀念。

至於從歷史中選取具體例子來教人道德的原則，那也是文藝復興時代一個很尋常的觀念。薄伽丘（一三一三至一三七五）著*De Casibus Virorum Illustrium*（《名人例證》），就開創了一個帶強烈道德教訓意味的史傳傳統。英國一部多人撰著的書就遵從這一傳統，題爲《爲官員提供的鏡子》（*A Mirror for Magistrates*），這部書初版於一五五九年，後來增加內容，不斷重印，一直到十七世紀初還有新版印行。這本書的標題無疑會使人想起中國司馬光的《資治通鑑》，因爲這兩部書都借歷史來教人道德原則和政治的智慧，都好像讓人在一面鏡子裡照見自己，明白人的行爲舉止將會帶來無可避免的後果。馬基維利（一四六九至一五二七）相信，研究遠古可以爲現在提供教訓，而羅馬史特別有典範意義，因爲在古代世界裡，羅馬帝國是最成功的政體。他認爲歷史具有典範和教育意義的觀念，在他《論里維前十年之治》（*Discorsi sopra la prima deca di Tito Livio*, 一五一三—一五一九）一書裡表現得最明白。所有這些都是西方典範式史學思想的代表性例子，和中國古代史家對歷史及其用途的看法，並沒有什麼絕大差異。

不同文化傳統當然互不相同，但這只是程度上的不同，而非類別上的差異。如果說類比思想從具體例子出發，得出普遍適用的結論來當成原則，那麼帶普遍意義的結論本身就已經是抽象的觀念。中國的八卦就是這種抽象一個很好的例子，因爲每一卦都是那些具體意象抽象出來的本質，卻又有別於所有那些意象。例如乾代表天、首、父、馬、大赤等共有的那種抽象性質，坤則代表地、腹、母、牛、黑色等共有的抽象性質。正由於這種抽象性質，這些卦才無法譯成任何別的名。另一個例子當然就是道，那是不可名的。老子承認說，甚至道這個名，也是不知其名而隨意名之。中國有許多這樣的術語，如道、氣、陰、陽、乾、坤，以及從哲學到文學批評裡廣泛使用的一整套術語，都在那個意義上說來是不可名、不可譯的。然而通過合理細緻的解釋來翻譯這些術語，又極爲重要，因爲只有這樣，我們才可能跨越東西方文化的差異，達到相互理解和溝通。充分認識不同程度的文化差異，而又不將其絕對化，不使之彼此排斥，這是我們所有的人都應該去完成的任務，只有努力去完成這一任務，我們才可能建立起一個有不同文化傳統而又互相容忍、和平相處的世界。

起步艱難：晚清出洋遊記讀後隨筆

清政府在同治五年，即公元一八六六年，給曾任山西襄陵縣知縣並協助辦理海關稅務司文案的斌椿加賜三品銜，帶領其子廣英及同文館學生鳳儀、張德彝和彥慧等一行五人，作爲第一批官派出洋考察的代表，到歐洲各國遊歷了一番。記述這次出洋始末的文字有斌椿薄薄的一本《乘槎筆記》和兩本詩集，一曰《海國勝游草》，一曰《天外歸帆草》；此外還有張德彝記載稍詳的《航海述奇》。這些遊記都收在鍾叔河先生主編的《走向世界叢書》的第一輯裡。這套叢書選取晚清因外交、留學等各種原因到過西方的中國人所寫的遊記，加以新式標點和小標題，又編附索引，並略加註釋說明，先由湖南人民出版社出版，後來再加修訂，由長沙岳麓書社印行。這套書對於瞭解近代中國與西方接觸的歷史，瞭解中國人如何在不得已的情況下步履維艱地走出文化的封閉圈而邁向現代世界，都有極大意義。

讀斌椿《乘槎筆記》

一八六六年斌椿帶隊這一次的出洋考察，實際上的組織者是任職清政府、來自愛爾蘭的英國人赫德（Robert Hart）。他在一八六三年繼李泰國（Horatio Nelson Lay）任職清政府總稅務司，在後來很長的一段時間裡，在辦理「洋務」方面是個十分重要的人物。赫德留下了大量書信和七十七本日記，一九七〇年由他的後人全部交給北愛爾蘭貝爾法斯特市女王大學（The Queen's University）的圖書館收藏。美國哈佛大學教授費正清（John K.Fairbank）等人對赫德的書信和日記詳加整理，已經出版了兩部專著。赫德一八六三至一八六六年所寫日記，其中有涉及斌椿歐遊的一段，由德克薩斯州萊斯（Rice）大學教授司馬富（Richard J.Smith）以及費正清和凱瑟林·布朗納（Katherine F.Bruner）等三人編輯整理，作爲哈佛東亞研究系列的一種，一九九一年在哈佛大學出版，書名題爲《赫德與中國早期的現代化：一八六三至一八六六年日記》。此書除刊載赫德日記原文之外，並有編者對當時政治外交各方面背景情形簡明扼要的敘述和評析，極便利於讀者瞭解日記的內容和意義。是書承司馬富先生親筆題贈一冊，在我讀過之後，覺得把赫德日記有關部分與斌椿等人所述相比照，頗有意味。我們從中國人和外國人兩方面的記載來看當年清廷派員到西方考察的情形，可以看得比較全面，其中有一些段落在今天讀來使人覺得可嘆可笑，但也往往可以發人深省，有深長的意味。

中國古來無所謂平等外交的概念。雖然歷史上也有過好幾次外族入主中原的情形，而且清朝本身便是滿人當政，但在華夷對立的傳統觀念中，中華乃文明之邦，一切外族都被視爲蠻夷，如果外邦來交往，便一定是稱臣納貢，作爲屬國來接受天朝文明的感化。乾隆五十八年（一七九三），英國派使臣馬戛爾尼以祝壽的名義來謁見中國皇帝，實際上是想瞭解中國情形，能夠互派使節，建立起貿易和外交關係。乾隆對這件事前後的處理，充分暴露出當時中國對外部世界一無所知，傳統的華夷對立和以外邦為屬國的觀念已經完全不能應付當時的世界局勢。在馬戛爾尼來華之後不到五十年，英國的槍炮和軍艦就一直打到了南京城下。

一八四〇至一八四四年的鴉片戰爭和以後一連串的不平等條約，逼使清政府步步退讓，在迫不得已的情況下，才在咸豐十一年（一八六一）設立了總理各國事務衙門，並在同治元年（一八六二）成立同文館，開始培訓通外語的人材。然而皇帝和朝中大臣多半頑固保守，對於世界局勢仍然是渾渾噩噩，一片黑暗。尤為可怪的是，清朝皇帝不願見外國使節的一個重要原因，竟是礙在堅持要外使行三跪九叩首的跪拜禮這類荒謬的儀節問題上。咸豐八年（一八五八），英法聯軍攻入北京，清廷被迫簽訂割地賠款的和約，可是「圓明園燒了，北京條約訂了，咸豐躲在避暑山莊，一不痛心割讓九龍，二不痛心賠款一千六百萬兩，只痛心『此次夷務步步不得手，致令夷酋面見朕弟（指恭親王奕訢）』，已屬不成事體。」[1] 直到一八八〇年前後，薛福成才在《籌洋芻議・變法》篇裡，明確指出天下之大遠遠超過古老的觀念，即使起堯、舜於地下，中國也「終不能閉關獨治」，很清醒地認識到「華夷隔絕之天下，一變為中外聯屬之天下」。[2] 但當時在皇朝權力的中心，又有多少人贊同薛福成的看法呢？

在英法聯軍攻入北京之後差不多十年，同治皇帝終於派斌椿去西歐各國，但那也絕非主動或者輕易的決定。總稅務司赫德一直主張中國應派使臣到外國去。他在一八六三年七月二十九日曾對恭親王手下辦理洋務的得力助手文祥說，「在外交事務方面，中國人如不派使節到歐洲去，就絕不可能把事情辦得圓滿。」[3] 這話一直沒有引出什麼結果，差不多三年之後，他告假回國省親，又建議中國派一兩個同文館學生隨他去歐洲。總理衙門覺得他這個建議值得考慮，但又認爲同文館學生「皆在弱冠之年」，怕他們會「因少不更事，貽笑外邦」，提議由年已六十三歲的斌椿帶隊前往，「即令其沿途留心，將該國一切山川形勢、風土人情隨時記載，帶回中國，以資印證」。[4] 最後的決定當然要皇帝本人來做。一八六六年元月二十八日，赫德還說：「斌是否將與我同去英國，還未安排妥當。」[5] 但不到一個月，在二月二〇的日記裡，他就確知恭親王上了奏摺，斌椿等人將隨同他去歐洲「遊歷」。[6] 奕訢的奏摺說得明白，「與該稅務司同去，亦不稍設張皇，似乎流弊尚少」。[7] 這就是說，斌椿本非要員，行前才臨時加賜三品，與赫德的官銜相等，隨赫德前往，不那麼正式，是跟外國人去外國，在外交禮節上不必顧慮太多。

由於斌椿相對而言地位不高，當時上海等通商口岸的英文報紙對他和赫德等人都有不少攻擊。「許多中國人覺得斌椿名不見經傳卻無功而受祿，西方的商人們則憎恨海關稅務司，尤其是赫德，認爲他竟賤到爲中國人服務，有傷西方人的威望。外國使節尚未能面見中國皇帝，這兒卻出來一小人物，一個以私人身分出訪的旅遊者，不久就要受到歐洲各國君主的禮遇和接待。」[8] 隨同斌椿一行的稅務司洋員有法國人德善（Emile de Champs）和英國人包臘（Edward Bowra）。從《赫德日記》可以看出，包臘對斌椿印象極壞，而赫德則設法轉圜，保持中立。一行人乘法國船「拉布得內號」從上海到香港出海。船到新加坡時，旅客中有人向船長抱怨，說中國人得到和西方人一樣的待遇。赫德在日記中寫道：「應當抱怨的是，他們『沒有得到比其他人更好的待遇』。」[9] 看來赫德對斌椿沒有什麼惡感，對中國人也並沒有種族歧視的偏見。在斌椿這方面說來，像他這樣一個年過花甲的老頭，既不懂外文，又沒有辦外交的經驗，第一次漂洋過海到西方旅行，一路上免不了經歷許多周折和麻煩，也實在是難能可貴了。

斌椿的《乘槎筆記》基本上是逐日記載所見所聞的一本流水帳，讀來覺得簡略而枯燥。他對所乘的法國輪船，到埃及後乘坐的火車，初到法國所見的電梯以及法國鑄幣廠、英國紡織廠等等，都有稍微具體的描述，但在我們今天看來，也只有歷史的意義而無新奇的趣味。然而在他簡略的筆記中，有時候也會突然出現一兩個鮮明的形象，說出一兩句有意思的話來。如同治五年二月十八日記新加坡所見：「車制與安南小異，御者亦皆麻六甲人，肌黑如漆，唇紅如血，首纏紅花布則皆同。十餘里至市廛，屋宇稠密，仿洋制，極高敞壯麗。市肆百貨皆集，咸中華閩廣人也。」[10] 寥寥數語就寫出了當地居民不同種族雜處的情形，而描繪駕車的黑人尤爲生動，像是一幅色彩鮮明的風俗畫。三月十一日遊覽埃及金字塔，「方下銳上，皆白石疊成。石之大者高五六尺，闊七八尺不等」，這大概是中國人最先進入金字塔者。斌椿等人進入塔中，見到放木乃伊的石棺。又見「洞口高十餘丈。橫石刻字，計十行，約百餘字，如古鐘鼎文，可辨者十之二三，餘則苔蘚剝蝕不可識。洞之上下兩旁有石刻，皆泰西文字。山下有方池，石砌未竟。旁豎巨石，鑿佛頭如浙江西湖大佛寺像，洵稱巨觀」。[11] 以鐘鼎文和佛頭來比附古埃及文字和人面獅身的斯芬克斯像，俱是以熟悉來理解生疏，在文化交往之初是難免的現象，正如他記述西方各國歷史，都用中國的朝代紀年一樣，現在讀來，反有一種特別的味道。

斌椿記載更多的是各類社交場合的聚會，他在巴黎觀劇，印象尤爲深刻。雖然他一句話也聽不懂，卻知道戲劇所搬演的「皆古時事」。更能以眼代耳，見台上「衣著鮮明，光可奪人。女優登台，多者五六十人，美麗居其半，率裸半身跳舞。劇中能作山水瀑布，日月光輝，倏而見佛像，或神女數十人自中降，祥光射人，奇妙不可思議」。[12] 看來這位斌老爺對洋劇和「女優」的興趣大大超過外交拜會，因為五月中到倫敦後，「斌椿的健康在白天總不大好，可是一到晚上就奇跡般恢復過來，恰好趕得上去觀劇」。[13] 然而數月之中他到處遊覽，耳聞目睹之間畢竟能得到一些新鮮事物的印象。有些只能算是引起這位老先生好奇，如《海國勝游草‧書所見》的幾首詩，每首都自注詩裡所寫的迥異於中國的西俗，其一曰：「出門游女盛如雲，陣陣衣香吐異芬；不食人間煙火氣，淡巴菰味莫教聞（西俗最敬婦人，吸煙者遠避）。」其二曰：「白色花冠素色裳，縞衣如雪屐如霜；旁觀莫誤文君寡，此是人家新嫁娘（泰西以白為吉色，婦女服飾多用之，新婚則遍身皆白矣）。」[14] 這裡不僅寫了他當時所見西俗，而且還在詩裡用了外國字的譯音，「淡巴菰」即tobacco，也就是煙草。另外如《包姓別墅》第二首：「彌思（譯言女兒也）小字是安拿，明慧堪稱解語花；嚦嚦鶯聲誇百囀，方言最愛學中華。」[15] 「彌思」即Miss或小姐，稱未婚婦女；「安拿」當是女人名Ann或Anne，現在通譯「安娜」。在近體詩裡用外來語，這算是較早的例子。

斌椿詩裡所寫多是他筆記裡所記，他的詩基本上是押韻的日記，並無佳作，所以錢鍾書先生說，斌椿的一卷《海國勝游草》「比打油詩好不了許多」。[16] 在斌椿所見所記之中，只有四月十八日參觀英國議會的寥寥數語，有也許他自己也意識不到的重要意義：「申刻，至公議廳。高峻閎敞，各鄉公舉六百人，共議地方公事。（意見不合者，聽其辯論，必俟眾論僉同然後施行，君若相不能強也）。」[17] 斌椿好像只是記事而沒有議論，他一點沒有深究，更沒有把它和中英兩國國勢強弱之差異聯繫起來想一想。在他西遊歸來寫的一首詩裡，他把去歐洲各國的經過和目的以及與歐洲君主的對話，都完全用華夷對立那老一套的思想和語言作了總結。他以問答的方式洋洋自得地寫道：

蕃王知敬客，處處延睇視；
詢問大中華，何如外邦侈？
答以我聖教，所重在書禮；
綱常天地經，五倫首孝悌；
義利辨最嚴，貪殘眾所鄙；
今上聖且仁，不尚奇巧技；
盛德媲唐虞，儉勤戒奢靡；
承平二百年，康衢樂耕耜；
巍巍德同天，胞與無遠邇；
采風至列邦，見聞廣圖史。[18]

在斌椿筆下，歐洲的君主皆是進貢中華的「蕃王」，他們也許有奇技淫巧，但不知中國的綱紀倫常，尚處於化外。他又把去歐洲的遊歷自比爲古代樂官之採詩於列國，目的在於使王者可以觀風俗而正得失，所以他完全是以傳統的舊眼光來看自己面臨的新世界。赫德在一八六六年七月十五日的日記裡，認爲他組織斌椿一行歐游有四個主要目的，一是讓中國政府派官員去歐洲，二是讓歐洲政府友好接待這些中國官員，三是使歐洲人喜歡中國，增加對中國人的興趣，四是「使中國官員帶回對外邦愉快的記憶（他們的時間太倉促，不可能承認自己接受了教育）」。[19] 赫德自認爲這四個目的都完全達到了，同時他又列出另外四個目標，認爲還須進一步努力。這就是：「五，使斌椿回國後能升任主管外交的朝官；六，通過他而使中國政府善意看待西方的某些科學的技藝；七，勸說中國派出駐外使節；八，使中國和其它國家建立起一種合情合理的友好關係。」[20] 可是斌椿回國之後，並沒有主辦洋務或管理外交，赫德想爭取的這幾點可以說全都落空了。晚清洋務運動本身只是對整個傳統政治觀念和治國方法相當有限的局部調整，始終沒有超出「師夷之長技以制夷」和「中學爲體，西學爲用」的範圍。像斌椿這樣滿腦袋綱紀倫常的傳統士大夫，很難改變華夷對立的觀念，從根本上重新考慮體和用的關係。

讀張德彝《航海述奇》與《歐美環遊記》

只要中國讀書人唯一的出路是通過科舉考試走上仕途，他們要學的便只有四書五經，其它一切皆非正途。不要說年過花甲的斌椿，就是當時不過十七八歲而且學過外文的年輕小伙子張德彝，腦子裡也滿是一些陳腐的觀念。張德彝是同文館開辦之後第一批學生之一，學了三年英文後，於一八六五年通過總署大考，獲得八品的官銜。他不僅隨斌椿訪歐，而且後來多次以譯員身分隨清廷派出的使節到西方各國，並於一八九六年任駐英使館參贊，一九〇一至一九〇六年間，升任出使英、意、比國大臣，成爲高等的職業外交官。一八九一年，思想稍微開通而且年輕的光緒皇帝曾決定學英語，張德彝受命做光緒的英文老師。據任同文館總教習的美國人丁韙良（W.A.P.Martin）記載，在皇帝面前，衆親王和大臣都必須下跪，爲了尊師重道，光緒皇帝特許他的兩個英文老師在他面前可以坐下。光緒在半夜四點鐘上課，他的老師一近午夜就須到宮門守候，十分辛苦。最可笑是老師不敢糾正皇帝的發音，所以光緒雖然還算用功，學習成績卻並不理想。「皇帝一開始學，便立即引出一股學英語的熱潮，王公大臣們都四處買書，找人授課。可是新年接見外國使節，皇帝準備用英語講話，外使卻不要聽，皇帝和王公大臣們學英語的熱忱也就立即冷了下來。」[21]丁韙良的記述語焉不詳，但在中國的外語教學史上，這不失爲一段有趣的軼聞。看來光緒皇帝的英語發音沒有得到他老師的矯正，張口說來，中國人會以爲他在說外語，外國人會以爲他在講中文，誰也聽不懂，難怪駐北京的外國使節不要聽了。光緒學外語失敗，原因不在他偷懶或蠢笨，而在他是皇帝，沒人敢說他有錯。細細想來，這失敗是必然的，而且可以說頗有象徵意義，預示了後來變法維新的失敗。當時的情形如此，也就難怪張德彝對自己同文館英文學生出身的背景，始終抱著強烈的自卑感。

鍾叔河先生在《航海述奇》敘論裡談到張德彝的自卑，引了張《寶藏集序》教導自己兒孫的話：「國家以讀書能文（按指科舉考試）爲正途。……余不學無術，未入正途，愧與正途爲伍，而正途亦間藐與爲伍。人之子孫，或聰明，或愚魯，必以讀書（按指應科舉考試）爲要務。」[22] 由此可見，就是在懂外文、辦洋務的張德彝心目中，仍然是以讀四書五經、應科舉考試爲務正業，走正途，而傳統士大夫們對張德彝這類人是「藐與爲伍」的。這就可以解釋何以在張德彝對西方風俗制度、山川人物的詳細紀錄中，我們仍然找不到許多新思想和新意味。

《航海述奇》是張德彝隨斌椿西行的紀錄，在內容上與《乘槎筆記》沒有許多差別，只是詳細一些。他在同治七年（一八六八）第二次出國，隨志剛到歐美各國，寫了《再述奇》，但並未刊行，這次收進《走向世界叢書》，由編者題名爲《歐美環遊記》。應該說，張德彝的觀察是細緻的，書中大部分記述的是他當時在西方見到的近代工藝器具。那些奇巧的技藝和機械有時也引發他的一點感嘆。例如他在詳細描繪了火車之後說，「凡火輪車皆紳富捐資製造，每年獲利，一半入官，一半自分。趨使一切夫役，多系官派。引擧洵乃一勞永逸，不但無害於農商，且裨益於家國。西國之富強日盛，良有以也。」[23] 這可以說張德彝從具體的機械發明，認識到了工業革命與「西國富強」的關係，可惜像這樣的觀察在張德彝的遊記中並不很多。不過他初次見到許多外國特有的事物和風俗，充滿了好奇，其記載有時候也自有一種意趣。譬如他寫埃及的金字塔：「相傳前三千數百年建造，天下第一大工也，其次則屬中國之萬里長城矣。正面一洞，高約八丈，上有埃及文一篇，字如鳥篆，風雨侵蝕，模糊不復辨識。」斌椿把埃及文比爲鐘鼎文，張德彝則說像鳥篆（斌椿的詩《古王陵》也用了相同的比喻：「不知何王陵，鳥篆捫斷碣。」）。[24] 張德彝描繪斯芬克斯像說：「王陵大小共三座，此大者居其中。前一大石人頭，高約四丈，寬三丈許，耳目清晰。或云此古時蚩尤之頭，在此已化爲石矣。語殊荒誕不經，吾未之敢信。」[25] 斌椿看金字塔前的斯芬克斯像如佛頭，張德彝則託稱「或云」而謂「古時蚩尤之頭」，一樣是牽強比附，但也都古拙有趣。張德彝當時不到二十歲，好奇感之強自不待言，所以他的記述中，有許多對於像他這樣的年輕人會特別有興趣的奇聞。例如記當時剛剛發明的避孕套：「此物法國名曰『英國衣』，英國稱爲『法國信』，彼引推諉，誰執其咎，趣甚。」[26] 又如記日本所謂「川寶藏」，「以爲孩童玩具，雖婦女亦以手握之，不以爲恥」。[27] 再如記西洋上層社會婦女奇怪的時髦打扮：「聞西洋女子修飾容止，意外翻新，有將腳小趾旁之骨令醫生損去二三分，以求其瘦小者；有面孔潔白，故著黑點於口旁目下，以張其美者。一則矯揉造作，一則點污清白，殊乖培養脂粉之道。」[28] 張德彝在此對西洋婦女刻意修飾、矯揉造作的批評確實有道理，不過他應該想到，中國男人欣賞婦女纏小腳更爲殘酷，不止是有乖「培養脂粉之道」而已。還有一條趣聞是記巴黎一個喜作女妝的同性戀者：「法京有男子杜廬者，年逾二旬，美麗自喜，手足秀好如女子，一生喜著巾幗。家資饒裕，服色率多翻新，婦女多有仿製者。其人往來街市，鮮有知其爲男子者，可謂雄而雌者也。」[29]

可惜的是，張德彝對這類稀奇古怪的事情記載都頗爲詳細，卻很少對西方思想文化方面眞正重要的事物注意留心。同治五年（一八六六）四月二十五日，他從倫敦乘火車到「敖四佛村」即牛津，記「有本地官勒德富者以四輪馬車來接。登車北行，過大橋洞，周游二十四處，皆前古禮拜堂、大學院等所」。[30] 同治七年（一八六八）七月初七日，他隨志剛、孫家谷兩位「欽憲」從波士頓乘馬車過橋到「堪布立支」即康橋，記述了當地居民如何熱情歡迎中國來的「貴客」，然後

「行數里至大學院，樓內存古今書籍二萬六千冊，四面環以屋宇，係肄業者退息之所。書樓之後有集奇樓，內藏各種鳥獸魚蟲之骨，與他國者同。」[31] 在這再簡略不過的記述裡，懂得英語的張德彝竟然連記下牛津和哈佛這兩所大學名字的興趣都沒有，更談不上對西方學術文化作任何描述和探討了。要想在晚清那麼多出洋的官吏、使節、隨員的筆記遊記中找到對西方文化和尤其是文學的記述，結果只能讓人失望。正如錢鍾書先生所說：「不論是否詩人文人，他們勤勉地採訪了西洋的政治、軍事、工業、教育、法制、宗教，欣奮地觀看了西洋的古跡、美術、雜耍、戲劇、動物園裡的奇禽怪獸。他們對西洋科技的欽佩不用說，雖然不免講一通撐門面的大話，表示中國古代也早有這類學問。只有西洋文學——作家和作品、新聞或掌故——似乎未引起他們的飄瞥的注意和淡漠的興趣。」[32] 張德彝記述風土人情都頗爲詳盡，「甚至街巷的新事趣聞，他也談得來頭頭是道，就只絕口不談文學，簡直像一談文學，『舌頭上要生碗大疔瘡』似的。」[33] 我們發現在新刊的《歐美環遊記》裡，張德彝也提到文學，那是他洋洋數百萬言的記述中絕無僅有的一段西洋詩話：「外邦詩文，率多比擬，無定式。詩每首數十韻不等，每句字數亦不等。緣西文有一言一音者，有一言數音者。如英國二韻詩，還以華音系『爾裡圖倍，爾裡圖賴，美萬海西，委西安外。』譯以華文即『早睡早起，令人康健，義利兼收』之意。若虛實共還，則『額爾裡圖倍達，額爾裡圖賴斯，美克萬海拉西，威拉西安大外斯。』文之章法，修短不等，大抵以新奇者爲貴。」[34] 這裡舉的西洋詩例子，只算得一首極通俗的順口溜，原文是Early to bed,early to rise,Makes one healthy,wealthy and wise，據說是講究實際的美國科學家、政治家和外交家富蘭克林（Benjamin Franklin）年輕時爲他辦的一種通俗讀物所寫。以這樣一首順口溜來做「外邦詩文」的例，實在不倫不類，可是張德彝也許本來就沒有把「外邦詩文」看在眼裡，放在心上，我們也實在不能指望他對西洋文學有任何深入的瞭解。

對外國文學的無知來源於當時一種莫名其妙，然而普遍存在的民族自傲感。承認西洋船堅炮利，但絕不承認西洋也有文化和文學，這在清末民初的舊派文人當中是相當普遍的態度。錢鍾書先生回憶他在一九三一或一九三二年和陳衍先生的一次談話，就很能說明這一點。陳衍先生知道錢鍾書懂外文而且到國外學習，但不知道他學的專科是文學，「以爲準是理工或法政、經濟之類有實用的科目。那一天，他查問明白了，就感慨說：『文學又何必向外國去學呢！咱們中國文學不就很好麼？』」[35] 在當時——也包括現在——留學生中絕大部分都以攻讀理工、法政、經濟之類實用科目爲主，能重視和眞正認識西方文學、歷史、哲學等人文學科精神價值的人，實在寥寥可數。本世紀初在哈佛留學的陳寅恪先生，就是這少數有眼光的人之一，也對國人急功近利、只講求實際的傾向，發過一通感慨。據吳宓《雨僧日記》一九一九年十二月十四日所記，陳寅恪曾對之慨嘆說：「救國經世，尤必以精神之學問（謂形而上之學）爲根基。乃吾國留學生不知研究，且鄙棄之。不自傷其愚陋，皆由偏重實用積習未改之故。此後若中國之實業發達，生計優裕，財源浚闢，則中國人經商營業之長技，可得其用，而中國人當可爲世界之富商。然若冀中國人以學問美術等之造詣勝人，則決難必也。」[36] 八十多年過去了，我們已經到了二十一世紀，這段話現在讀來，仍然那麼有針對性，那麼値得深思，至少說明我們的進步並不大，而且要往前走，每一步都很費力，很艱難。我們現在很容易取笑晚清出洋那些人的無知、偏見和狹隘，但他們畢竟是最初走出國門、面對外部世界的先驅者，正是他們走過的曲折崎嶇的道路，引我們到了我們目前之所在。如果我們處在他們那個時代，面對同樣的艱難，我們是否就一定會比他們更高明，把事情做得比他們更好呢？

步履維艱

在結束此文之前，我想通過幾個具體的實例，再一次來想見當年要走出國門是多麼不容易，要打破傳統觀念的羈絆又是多麼艱難。同治五年四月初六日，張德彝等人在倫敦曾參觀一所醫院，第一次看見醫生作外科手術，印象頗深。但他生病的時候，卻絕不願請西醫診治。同治八年六月十七日，他在隨志剛出使歐美的中途，在巴黎墜馬受傷，「欲用華藥」而不能，不得不聽憑兩位洋醫生擺布，受了一場洋罪。生病就醫的麻煩引得他總結出一套道德教訓，現在讀來使人覺得既可憐又可笑。張德彝寫道：「墜馬一事，可爲前車之鑑；一爲雙親在堂，不保身體者鑑；一爲客游在外，不愼起居者鑑；一爲少不更事，任性妄爲者鑑。若能邀天之福，不藥有喜，是亦祖宗積德之所致也。」[37] 那兩位西醫好像確實不怎麼高明，他們沒有用藥，只連稱要「以冰追取瘀血」，到後來又「放二十四枚螞蝗於耳後以吸之。初放時，各大四五分，少刻盈寸，取下置於水盆，則形皆縮小，而血盈盈矣。」[38] 可見當時醫術水準尚低，出洋遠遊的確有不少風險。張德彝不能很快痊愈，只好提早回國了事。這還只是涉及身體肌膚的外在方面的困難，思想意識方面的困難，則更不知要大多少倍。

後面這一種的困難，志剛的《初使泰西記》可以爲我們提供幾個現成的例子。志剛在同治六年（一八六七）年底與孫家穀一起，隨曾任美國駐華公使而當時被清廷聘爲特使的蒲安臣（Anson Burlingame）出使歐美各國，歷時三載，於同治九年十月才返回北京。志剛其人，誠如鍾叔河先生所說，只是「一個平庸的滿族官員」，然而在不平常的際遇中，他「也會有不平常的體會和認識」。[39] 他有時不光是記述見聞，也記下自己的想法。《初使泰西記》中有兩處評論基督教的文字，由利瑪竇等耶穌會教士借用「儒名」談起，討論了儒、墨和西教的異同，很可以發人深省。志剛在同治七年五月十九日的日記中寫道，墨氏兼愛，孟子斥之爲無父，西方的基督教也主張兼愛，近於墨氏。接下去他就討論基督教是否也有無父的問題：「至無父之說，亦必推極於上帝示夢以實之。由於子無姓氏，翁不可知，不得不傳爲天父之說矣。且上帝降生之說，若究其理，微特耶穌爲上帝所生，即一草一木一螻一蟻，孰非上帝所生者，而況橫目之民乎？乃自古惟帝王稱天子，所謂旻天其子也。若人人自認其天父，不但無其父，並無其君矣，則墨而兼楊矣，果儒乎哉？」[40] 這是把基督教比爲楊墨而區別於儒家，揭露利瑪竇等耶穌會教士假儒教之名，行基督教之實。値得注意的是，志剛意識到基督教和中國講究忠孝節義的君臣父子之道格格不入。在中國只有皇帝稱天子，也就只有皇帝才夠得上以天爲父，而基督教宣揚在上帝面前人人平等，人人可以認天爲父，那就「不但無其父，並無其君矣」。我不能不佩服這位「平庸的滿族官員」對東西方宗教和政治制度的異同，居然有這樣「不平常的體會和認識」。他在同治七年十二月十二日，又有一段話評論「西國之五倫，概以朋友之道行之」，認爲這是西方宗教的影響。他說：「西人於夫婦、昆弟，固猶可以朋友之道行；至於父子、君臣，而概行之以朋友之道者，非其性然也，其習使之然也。其習之所以然者，由其教使之然也。乾父坤母之說，究其理則有其同，究其情則親疏貴賤之等殺，固不能昧沒而雜之也。彼概以天爲父而尊之親之，至其君若父亦不能不以天爲父，則其子與臣於其君與父不得不以雁行而視之矣。」[41] 按志剛的意思，西方的人倫關係沒有君臣父子的親疏貴賤之分，並非基於事物的本性，而是出於人爲的習養，最終說來是他們受了基督教的影響。《易．說卦》：「乾，天也，故稱乎父。坤，地也，故稱乎母」，表面看來好像和西方以天爲父之理相同，但《說卦》原文接下去是：「震，一索而得男，故謂之長男。巽，一索而得女，故謂之長女。坎，再索而得男，故謂之中男。離，再索而得女，故謂之中女。艮，三索而得男，故謂之少男。兌，三索而得女，故謂之少女。」這樣一來，在天地乾坤之外，還有震、巽、坎、離、艮、兌各卦，就在父母之外再分出長男長女、中男中女和少男少女，親疏貴賤的等級就不至於「昧沒而雜之」，也就不至於人人平等，長幼不分了。西人「概以天爲父」，君臣父子等人世間長幼尊卑的區別沒有了，一切人倫關係概以兄弟朋友之道行之，於是乎「其子與臣於其君與父不得不以雁行而視之矣」。儘管志剛的話說得有點籠統空泛，但他卻十分準確地把握住了西方基督教與中國儒家思想的根本區別，以及由此產生出來的政治和倫理方面的差異。我們也許可以認可志剛的這一番分析，但他由此引出來的結論卻很可能出乎我們的意料。在志剛看來，君臣父子之倫常綱紀是萬世法程，打破這種倫常是絕對不可思議的，人人平等也就是天下最可怕的事情。西方宗教和人倫無父無君，正說明他們尚爲化外的蠻夷，他們如果接受中國儒教的感化，將來也許可以有稍進文明的一天。這不是我隨意推測，而是志剛本人的原話：「近今泰西頗購求儒書，俟其德慧日開，自有不期合而自和者，眞天涯若比鄰矣。」[42] 這位出使泰西各國的使臣對於華夷優劣有如此根深蒂固的信念，那又怎麼可能指望他會細心觀察外國的風土人情和文物制度，從中吸取有益於中國的東西呢？

事實上，志剛的狹隘、頑固和偏見有時簡直到了不近情理的地步。同治七年八月二十二日，他遊覽倫敦「萬獸園」，見「其中珍禽奇獸，不可勝計」。[43] 他似乎印象深刻，那一天的日記用了好幾頁篇幅，詳細紀錄所見的各類飛禽走獸、水族、兩棲類和爬行類動物，觀察既細，描繪得也栩栩如生。然而在記述完畢之後，他突然筆鋒一轉，寫道：「雖然，博則博矣。至於四靈中麟、鳳必待聖人而出。世無聖人，雖羅盡世間之鳥獸而不可得。龜之或大、或小，尚多有之。龍爲變化莫測之物。雖古有豢龍氏，然昔人謂龍可豢，非眞龍。倘天龍下窺，雖好如葉公，亦必投筆而走。然則所可得而見者，皆凡物也。」[44] 這一番突如其來而且莫名其妙的感慨，眞像癡人說夢，不著邊際，要之仍在發傳統的民族自大狂，說倫敦的動物園再好，畢竟沒有中國古代傳說裡的龍鳳和麒麟。要是有人問這位欽差大臣，「閣下在北京見過龍鳳和麒麟麼？」不知此老又該作何回答？更說明問題的，是繼評論「西國五倫概以朋友之道行之」之後，志剛對於中國是否應當築鐵路、行火車這類實際問題，又發了一通令人瞠目的議論。他假設有人問：「火輪車之利益何如？」他明確回答：「公私皆便，而利益無窮。」看來他很明瞭火車對國計民生的好處，但接下來是這樣古怪的一段：「曰：『何以中國不急辦也？』曰：『中國欲行火車，將何途之從邪？城池廬舍，皆可改易，惟墳墓乃各家擇地而葬，非若泰西聚處而叢葬也。其新者可遷，而數十百年之遠則不可遷，各家視其墳塋之祖、父，較泰西天主堂之視天父尤爲親切。若使因修鐵路而可以毀天主堂，亦不可濫毀其祖、父之墳塋。若以朝廷之勢力，滅中華孝敬之天性，日將以牟利也，恐中國之人性未易概行滅絕也。』客無以難，乃曰：『中國有官塘大路，其間並無墳墓，未始不可修鐵路也。』使者曰：『官塘大路終年不斷行人，若修鐵路又將何地另開官塘大路以待鐵路之成邪？此事或當相機而緩商也』。」[45] 我們用不著評論這一段話，因爲這當中已經夠清楚地暴露出了王朝末日的危機。在一個龐大帝國中做官行政的，竟是這樣迂腐而且冥頑不化的守舊派（我們不要忘記，任「辦理中外交涉事物大臣」出洋的志剛，還遠遠不是最頑固的守舊派），這樣的帝國不迅速倒台，才眞是咄咄怪事。現在回過頭去看一百多年前這樣的奇談怪論，我們可以深切體會到，中國人在近百年中確實走過了很長一段歷史的路程。我們可以慶幸我們時代的進步，我們甚至可以嘲笑當年出洋使節們的幼稚無能，但歷史的路程並沒有走完，更值得我們深思的是，我們現在又該怎樣走我們的路。正如朱維錚先生在論及郭嵩燾、劉錫鴻、薛福成等最早出洋的外交官們的日記時所說，「他們的記敘未必可靠，議論或許膚淺，甚至曲學阿世，以挑剔攻訐異域政治文化爲能事。但重要的不是他們的陳述的客觀性。重要的是他們是出現在工業革命和民主革命以後的西方世界的首批中國使者。」[46] 讀一讀晚清出洋遊記，不僅可以瞭解當時中外交流的歷史，而且也可以作爲我們今日上進的鞭策。

註釋

① 鍾叔河作志剛《初使泰西記》敘論，見《走向世界叢書》第一輯（包括林針《西海紀游草》，斌椿《乘槎筆記．詩二種》，志剛《初使泰西記》以及張德彝《航海述奇．歐美環遊記》等七

種，長沙：岳麓書社，一九八五），二百三十一至二百三十二頁。以下在文中引用此輯中各書，簡稱《叢書》。

② 徐素華選註《籌洋芻議：薛福成集》（瀋陽：遼寧人民出版社，一九九四），八十八頁。

③ *Robert Hart and China's Early Modernization:His Journals,1863-1866*,eds.Richard J.Smith,John K.Fairbank and Katherine F.Bruner(Cambridge.Mass:Council on East Asian Studies,Harvard University,1991),p.347。以下在文中引用此書，簡稱《赫德日記》。

④ 語見恭親王奕欣一八六六年二月二十日奏摺，引自鍾叔河作斌椿《乘槎筆記》敘論，《叢書》，六十八至六十九頁。

⑤ 《赫德日記》，三百四十二頁。

⑥ 同上，三百四十五頁。

⑦ 《乘槎筆記》，《叢書》，六十八頁。

⑧ 《赫德日記》，三百五十一頁。

⑨ 同上，三百七十七頁。

⑩ 《乘槎筆記》，《叢書》，九十八頁。

⑪ 同上，一百零五頁。

⑫ 同上，一百零九頁。

⑬ 《赫德日記》，三百五十五頁。

⑭《海國勝游草》，《叢書》，一百六十五頁。

⑮同上，一百六十八頁。

⑯錢鍾書，「漢譯第一首語言詩《人生頌》及有關二三事，」《七綴集》，一百三十二頁。

⑰《乘槎筆記》，《叢書》，一百一十四頁。

⑱《天外歸帆草》，同上，二百零二至二百零三頁。

⑲《赫德日記》，三百九十二頁。

⑳同上，三百九十三頁。

㉑W.A.P.Martin.*A Cycle of Cathay*(New York:Fleming H.Revell.1900),p.317.

㉒《航海述奇》，《叢書》，四百一十二頁。

㉓同上，四百八十六至四百八十七頁。

㉔見《海國勝游草》，同上，一百六十三頁

㉕《航海述奇》，同上，四百七十四頁。

㉖同上，四百九十八頁。

㉗《歐美環遊記》，同上，六百三十一頁。

㉘同上，七百二十頁。

㉙同上，七百五十七頁。

㉚《航海述奇》，同上，五百二十六頁。

㉛《歐美環遊記》，同上，六百九十一頁。

㉜錢鍾書，「漢譯第一首語言詩《人生頌》及有關二三事」，《七綴集》，一百三十二至一百三十三頁。

㉝同上，一百三十四頁。

㉞《歐美環遊記》，《叢書》，七百七十一頁。

㉟錢鍾書，「林紓的翻譯」，《七綴集》，八十七頁。錢先生在爲陳衍先生此話作註釋的時候指出，這是許多老輩文人共同的看法。「他們不得不承認中國在科學上不如西洋，就把文學作爲民族優越感的根據。」同上，九十八頁。

㊱吳學昭，《吳宓與陳寅恪》（北京：清華大學出版社，一九九二），九至十頁。

㊲《歐美環遊記》，《叢書》，七百九十九至八百頁。

㊳同上，八百頁。

㊴《初使泰西記》，《叢書》，二百三十九頁。

㊵同上，二百八十一頁。

㊶同上，三百一十至三百一十一頁。

㊷同上，二百八十一頁。

㊸同上，二百九十三頁。

㊹同上，二百九十六頁。

㊺ 同上，三百一十一至三百一十二頁。

㊻ 朱維錚，「使臣的實錄與非實錄——晚清的六種使西記，」《求索眞文明：晚清學術史論》（上海：上海古籍出版社，一九九六），一百三十九頁。

毒藥和良藥的轉換：

——從《夢溪筆談》說到《羅密歐與朱麗葉》

有時候跨文化閱讀的樂趣在於一種新發現：本來毫不相干的不同文本，轉瞬之間在思想和表達方面卻不期而遇，發生意外的契合。文本越是不同，那種契合給人帶來的滿足感也就越大。這就好像我們讓不同文本和不同思想互相碰撞，然後看這種互動究竟會產生出什麼樣的結果。東西方的文本當然很不相同，分別受各自傳統中哲學、社會和政治環境等多方面的影響，可是無論兩者有多大差異，一切文本都像彌爾頓筆下的大天使拉斐爾論及天下萬物時所說那樣，「只是程度不同，在類別上卻是一樣」。（《失樂園》V.490）文本細節各不相同，那是程度的問題，而文學主題可以相通，則是類別的問題。

我在此文中要探討的主題，是文字表現人的身體以及身體的醫治，是在比喻和諷喻意義上理解的良藥和毒藥。不過我一開始要討論的並不是文學的文本，而是一部匯集觀察、回憶等各方面內容的筆記，作者一條條委婉道來，像是退處蟄居的獨白，那就是北宋博學多識的沈括所著《夢溪筆談》。研究中國古代科技史的著名學者李約瑟曾稱讚沈括，說他是「中國歷代產生的對各方面知識興趣最廣的科學頭腦之一」。[1]《夢溪筆談》共有六百餘條筆記，所記者凡傳聞軼事、世風民情、象數樂律、醫藥技藝、神奇異事，無所不包。沈括在自序裡說，他退處林下，深居簡出，沒有人來往，「所與談者，唯筆硯而已，謂之筆談」。[2]

此書卷二十四「雜誌一」有十分有趣的一條記載，說作者一位表兄曾和幾個朋友煉硃砂爲丹，「經歲餘，因沐砂再入鼎，誤遺下一塊，其徒丸服之，遂發懵冒，一夕而斃」。對這一不幸事件，沈括評論說：「硃砂至良藥，初生嬰子可服，因火力所變，遂能殺人。」他接下去思索這藥物可變之性，意識到硃砂既有爲人治病之效，又有殺人致命之力，於是總結說：「以變化相對言之，既能變而爲大毒，豈不能變而爲大善；既能變而殺人，則宜有能生人之理。」[3] 這短短一條筆記告訴我們，生與死、藥與毒，不過是同一物相反並存之兩面，二者之間距離薄如隔紙，只須小小一步，就可以從一邊跨到另一邊。

沈括另有一則故事，其要義也在說明同一物可以有相反功用互爲表裡，既可爲藥，亦可爲毒，既能治病，亦能致命。不過這一回卻是一個喜劇性故事，有個皆大歡喜的結局。沈括說：「漳州界有一水，號烏腳溪，涉者足皆如墨。數十里間，水皆不可飲，飲皆病瘴，行人皆載水自隨。」有一位文士在當地做官，必須過那條可怕的河，而他素來體弱多病，很擔心瘴癘爲害。接下去一段寫得相當有趣，說此人到烏腳溪時，「使數人肩荷之，以物蒙身，恐爲毒水所沾。兢惕過甚，睢盱矍爍，忽墜水中，至於沒頂，乃出之，舉體黑如崑崙，自謂必死，然自此宿病盡除，頓覺康健，無復昔之羸瘵。又不知何也。」[4] 這裡發生的事又是完全出人意料，陰陽反轉。如果說在前面那個故事裡，至良的硃砂變爲致命的毒藥，在這個故事裡，對健康者有毒的溪水，對一個通身有病的人，反倒有神奇的療效。在這兩則故事裡，正相反對的藥與毒、善與惡，都並存在同一物裡。

「烏腳溪」故事之所以有趣，並不止於良藥與毒藥的轉化，而且特別從跨文化研究的角度來看，這故事還有某種寓意或諷喻（allegory）的含義。在一部研究諷喻的專著裡，安古斯・弗萊切爾說：「感染是基督教諷喻主要的象徵，因爲那種諷喻往往涉及罪與救贖。」[5] 沈括所講「烏腳溪」故事固然並沒有宗教寓意，故事中那人是身體有病，而不是精神或道德上虛弱，但這個故事又確實和基督教諷喻一樣，有污染、感染和最終得救這類象徵性意象。那人墜入毒水之中，反而「宿病盡除」，全身得到淨化。由此可見，「烏腳溪」故事雖然用意和基督教諷喻完全不同，卻又有點類似基督教諷喻中的煉獄，因爲二者都是描述通過折磨和痛苦而最終得到淨化。西方又有所謂同類療法（homoeopathy），即以毒攻毒，用引起疾病的有毒物品來治療同種疾病，與此也頗有相通之處。

弗萊切爾引用另一位學者的話，說「拉丁文的『感染』（infectio）這個字，原義是染上顏色或弄髒」，而「這個字詞根inficere的意義，則是放進或浸入某種液汁裡，尤其是某種毒藥裡；也就是沾污，使某物變髒、有污點或腐敗」。[6] 這些話聽起來豈不正像在描繪「烏腳溪」對正常人所起的作用，即染上顏色、弄髒、沾污、感染嗎？沈括說，人們一到烏腳溪，「涉者足皆如墨」，而且「數十里間，水皆不可飲，飲皆病瘴」，就是說這裡的毒水會使人染上疾病。不過這故事在結尾突然一轉，有毒的溪水對一個通身有病的人，想不到卻有神奇的療效。但是沈括這個故事如果說有什麼道德或諷喻的含意，卻並未在文中點出，而致命與治病之辯證關係，也沒有作任何發揮。然而在中國文化傳統中，對這一辯證關係卻早已有所認識，沈括寫毒藥與良藥之轉換，卻也並非是前無古人的首創。

比沈括早大概兩百多年，唐代著名詩人和作者劉禹錫有短文《因論七篇》，其中一篇題爲《鑑藥》。此篇以劉子自述的口吻，寫他得了病，食慾不振，頭暈目眩，全身發熱，「血氣交胗，煬然焚如」。有朋友介紹他看一位醫生，這醫生給他把脈，察看舌苔顏色，聽他的聲音，然後告訴他說，他是由生活起居失調，飲食不當而引發疾病，他的腸胃已經不能消化食物，內臟器官已經不能產生能量，所以整個身軀就像一個皮囊，裝了一袋子病。醫生拿出一小塊藥丸，說服用之後，可以消除他的病痛，但又說：「然中有毒，須其疾瘳而止，過當則傷合，是以微其劑也。」就是說這藥有毒，只能少量服用，而且病一好就必須立即停藥，吃過量會傷害身體。劉子按照醫生指點服藥，很快病情好轉，一個月就痊愈了。

就在這時，有人來對他說，醫生治病總要留一手，以顯得自己醫術精深，而且故意會留一點病不完全治好，以便向病人多收取錢財。劉子被這一番話誤導，沒有遵醫囑停藥，反而繼續服用，但五天之後，果然又病倒了。他這才意識到自己服藥過量，中了藥裡的毒，便立即去看醫生。醫生責怪了他，但也給了他解毒的藥，終於使他渡過險關。劉子深爲感慨，不禁嘆道：「善哉醫乎！用毒以攻疹，用和以安神，易則兩躓，明矣。苟循往以禦變，昧於節宣，奚獨吾儕小人理身之弊而已！」[7] 他終於明白，用有毒的藥治病，用解毒的藥安神，兩者不可改易，否則就會出問題。他由此還悟出一個道理，即在變動的環境中如果固守老一套路子，不懂得順應變化和一張一弛的道理，最後帶來的危害就不僅止於一個人身體的病痛了。在《鑑藥》這篇文章裡，突出的又是毒藥和良藥辯證之理，同一物既可治病，又可傷人，一切全在如何小心取捨和平衡。

治天下如治病

劉禹錫此文從藥物相反功能的變化引出一個道理，而那道理顯然遠遠超出「吾儕小人理身之弊」的範圍。在中國古代政治思想中，「理身」常常可比「治國」，劉禹錫要人懂得一張一弛的道理，不要「循往以禦變，昧於節宣」，就顯然想到了這一點。劉禹錫文中點到即止的這一比喻，在三百多年之後李綱的著作裡，就得到了明確的表現。李綱是宋時人，他出生時沈括已經五十多歲。金兵入侵時，李綱主戰而受貶謫，後來高宗南渡，召他爲相。他整軍經武，懷著收復失地的抱負，可是南宋小朝廷一意偏安，他又受到主和派的排擠，終於抱恨而去。他有一篇文章題爲《論治天下如治病》，其中就把人體、國家、藥物等作爲比喻來加以發揮，討論他當時面臨的政治問題。李綱首先肯定說：「膏粱以養氣體，藥石以攻疾病。」然後發揮治天下如治病的比喻，認爲「仁恩教化者，膏粱也。干戈斧鉞者，藥石也」，管理善良的臣民需要文治，「則膏粱用焉，」剷除強暴、鎮壓禍亂又需要武力，「則藥石施焉。二者各有所宜，時有所用，而不可以偏廢者也」。[8]

李綱還有一篇《醫國說》，也是把治國和治病相聯繫。此文一開頭就說：「古人有言：『上醫醫國，其次醫疾』，」然後把國家政體比喻成人體，而國家面臨的各種問題也就像人體各部器官遇到的疾病。他說：

天下雖大，一人之身是也。內之王室，其腹心也。外之四方，其四肢也。綱紀法度，其榮衛血脈也。善醫疾者，不視其人之肥瘠，而視其榮衛血脈之何如。善醫國者，不視其國之強弱，而視其綱紀法度之何如。故四肢有疾，湯劑可攻，針石可達，善醫者能治之。猶之國也，病在四方，則諸侯之強大，藩鎮之跋扈，善醫國者亦能治之。[9]

李綱乃一代名相，他之所論當然是中國傳統政治思想中對治國的一種比喻，可是以人的身體器官來描述國家政體，而且把人體和政體與醫生治病相關聯，就不能不令人聯想起西方關於大宇宙和小宇宙互相感應（correspondence）的觀念，還有西方關於政治軀體（body politic）的比喻，而這觀念和比喻從中世紀到文藝復興，乃至到現代，在西方傳統中都隨處可見。[10] 事實上，西方關於政體的觀念可以一直追溯到柏拉圖，他曾「把一個治理得當的國家與人體相比，其各部分器官可以感覺到愉快，也可以感覺到痛苦」。[11] 十二世紀著名政治哲學家薩里斯伯利的約翰（John of Salisbury, 一一二〇至一一八〇）比沈括晚生九十餘年，比李綱晚四十餘年，他曾概述古羅馬史家普魯塔克（Plutarch）的著作，說君主是「國家的頭腦」，元老院是心臟，「各行省的法官和總督」則擔負起「耳、目和喉舌的任務」，軍官和士兵是手臂，君主的助手們則「可以比爲身體的兩側。」他接下去把管理錢財銀庫的官員比爲肚子和腸胃，強調這是最容易腐敗感染的器官。他說：

司庫和簿記官（我說的不是監獄裡管囚犯的小吏，而是管理國庫的財政官員）好像肚子和內

> 臟。他們如果貪得無厭，又處心積慮聚斂收刮起來的脂膏，就會生出各種各樣無法治癒的疾病來，而且會感染全身，導致整個軀體的毀壞。[12]

西方關於政體比喻這一經典表述，和李綱治國如治病的比喻相當近似，兩者都把社會政治問題比爲人身上有待醫生治理的疾病。由此可見，在中國和西方思想傳統中，都各自獨立地形成類似比喻，即以人體和人的疾病來比方國家及其腐敗。

薩里斯伯利的約翰對肚子和腸胃的評論，認爲那是容易腐化的器官，說明疾病不止有外因，而且有自我引發的內因。在西方，肚子和身體其他器官爭吵是一個有名的寓言，最早見於古希臘伊索寓言，中世紀時由法蘭西的瑪麗（Marie de France）複述而廣爲流傳，一六〇五年由威廉·坎頓（William Camden）印在《餘談》（*Remains*）一書裡，在莎士比亞《科利奧蘭納斯》一劇的開頭（I.i.96），更有十分精彩的變化和應用。「有一次，人身上各種器官對肚子群起而攻之」，控訴肚子「終日懶惰，無所事事」，卻無功受祿，吞沒所有的食物。總而言之，大家都指責肚子貪得無厭，聚斂脂膏。肚子不僅以各有所司、各盡所能的觀念作答，而且特別強調社會等級各有次序，而且說這對於秩序和統一至爲重要。「我是全身的儲藏室和店鋪」，莎士比亞筆下的肚子不無自傲地宣布（I.i.133）：

> 我把一切都通過你們血脈的河流

送到心臟的宮廷，頭腦的寶座，
最強健的神經和最細微的血管
都由人身上大大小小的宮室管道，
從我那裡取得氣血精神，
才得以存活。

在這個寓言原來的版本裡，手腳等器官不願餵養肚子，拒絕工作，但整個身體也很快就垮掉了。於是政治的軀體顯出是不同器官的統一體，一旦其等級秩序被打亂，遭到破壞，這個有機體也就會變得虛弱，產生疾病。莎士比亞《特羅伊洛斯與克瑞茜塔》中尤里昔斯關於「等級」那段著名的話，就相當巧妙地利用了這一觀念，也利用了疾病和藥物十分鮮明的意象。尤里昔斯把太陽描繪成眾星球之王，「其有神奇療效的眼睛可以矯正災星的病變」（I.iii.91）。「一旦動搖了等級」，尤里昔斯繼續使用醫療的比喻說，「全部偉業就會病入膏盲」（I.iii.101）。要治療政體的疾病，毒藥和良藥都各有用處。《兩親相爭》（*The Two Noble Kinsmen*）公認爲莎士比亞所寫的一節中，阿塞特對戰神祈禱，把戰神描繪成一個用暴烈手段來治病的醫生。阿塞特呼喚戰神說（V.i.62）：

啊，矯正時代錯亂的大神，
你撼動腐敗的大國，決定

古老家族的盛衰，用鮮血
治癒患病的大地，清除世間
過多的人口！

正如前面李綱說過的，「干戈斧鉞者，藥石也」，爲治理一個有病的國家，就必須「聚毒藥，治針砭」。西方的政體有病，治療起來也是採用暴烈的方法。阿塞特呼喚戰神，就把戰爭比爲放血，而那是中世紀以來治療許多疾病的辦法。在那種原始的治療過程中，讓人流血恰恰成了予人治病的手段。莎士比亞悲劇《雅典的泰門》結尾，阿昔畢亞迪斯帶領軍隊向腐敗的城市推進時，最後所說那段話也正是這樣的意思（V.iv.82）：

我要把橄欖枝和刀劍並用：
以戰爭帶來和平，讓和平遏制戰爭，
使它們成爲彼此治病的醫生。

這裡又是以醫療的語言和意象來取譬，戰爭與和平像醫生開的處方，可以互相治療彼此的疾病。於是我們在此又看到，致命與治病、毒藥與良藥、殺戮與治癒等相反復又相成，無論治國還是治人，這些都是同一治理過程使用的兩種互相聯繫而又互相衝突的手段。

毒性與藥性的二元性

有趣的是，在中國古代，《周禮．天官》爲醫生所下的定義早已經包含了這樣相反的兩個觀念，說是「醫師掌醫之政令，聚毒藥以共醫事」。鄭玄的注說：「藥之物恒多毒」。[13]在一定意義上，中國古代這個定義已涵蓋了現代醫學的基本原理，因爲正如邁克爾．羅伯茨所說，現代醫學把治療理解爲「一種控制性的施毒，其中有療效的物品都有不可忽視的內在毒性」。[14]從這一觀點出發，我們就很能理解，沈括所記軼事中的硃砂何以會變質，劉禹錫所講故事中過量的藥，又何以會對人產生毒害。羅伯茨還說，現代治療學基本上接受了「威廉．惠塞林（William Withering）一七八九年發表的權威性意見，即『小劑量的毒品是最佳的藥物；而有用的藥物劑量過大，也會變得有毒』」。羅伯茨又重述「帕拉切爾索斯（Paracelsus）的學說，認爲『物皆有毒，天下就沒有無毒的物品；只有劑量才使物品沒有毒性』」。[15]因此可見，東西方這些極不相同的文本說的都是同一個道理，這也就透露了中西文化傳統在理解治療學的性質上，在認識良藥與毒藥之相對而又相輔相成的辯證關係上，有令人驚異的相通之處。

西方醫藥界正式承認的職業標幟，是一條棍棒上面繞著兩條蛇，這也暗示毒藥和醫療之間密切的關係。那是希臘神話中大神的信使赫爾墨斯（Hermes）手中所執具有神力的魔杖，古羅馬詩人維吉爾曾在詩中描繪此杖，說它能夠

地獄中蒼白的鬼魂，或將其打入深淵，
讓人睡去或者醒來，開啓死者已閉的雙眼。[16]

論者對此杖上兩條蛇的寓意，曾有各種不同的解釋，但這兩條凶猛的蛇顯然與治癒疾病的力量有關聯。赫爾墨斯手執此杖，把死者的亡魂引入冥界，但他也能夠讓死者復活（「開啓死者已閉的雙眼」），帶他們重返人間，這又指出生與死、致命和治病這樣的二重性。希臘神話中的醫藥之神阿斯勒丕烏斯（Asclepius），也是手執一根木杖，上面纏繞著一條蛇。唐人段成式《酉陽雜俎》多記載一些怪異之事，其中就有一種「蘭蛇，首有大毒，尾能解毒，出梧州陳家洞。南人以首合毒藥，謂之蘭藥，藥人立死。取尾爲臘，反解毒藥。」[17] 從科學的觀點看來，這很難說是準確的觀察，可是蛇能產生毒藥，又能產生解毒藥，卻的確已爲現代科學研究所證實。一位研究蛇蛋白的專家安德烈．米內茲就認爲，蛇毒很能成爲「有效對抗各種疾病的多種藥物之來源」。[18] 有趣的是，米內茲借用中國古代的一個觀念來解釋他所做醫學研究的原理。他說：「陰陽，古代中國這一二元理論完全適用於解釋毒藥。最初一眼看來，毒品對人有危害。然而毒物及所含成分卻可能是一個金礦，從中可以開採出新的藥來。」[19]

毒性和藥性這一內在的二元性，在希臘文的pharmakon這個字裡也表現得很明確，因爲這個字既表示醫藥，又表示毒藥。德里達在解構柏拉圖對話的文章裡，在批評他所謂「柏拉圖的藥房」時，就拿這個希臘字的二元性來借題發揮。德里達說：「pharmakon這個字完全陷於表意的鏈條之中。」[20]他又說：「這個pharmakon，這個『藥』字，既是藥又是毒藥這一藥劑，已經帶著它所有模稜兩可的含混，進入話語的軀體之中。」[21]德里達之所以對這基本而內在的含混感興趣，是因爲這種含混有助於破壞意義的穩定，可以完全超出柏拉圖作爲作者本人的意圖，也超出柏拉圖作爲作者對文本的控制。所以在pharmakon這個字被譯成「藥物」時，儘管在特定上下文的語境裡完全合理，德里達也堅持說，那種翻譯完全忽略了「實實在在而且能動地指向希臘文中這個字的別的用法」，也因此破壞了「柏拉圖字形變動的書寫」。德里達極力強調的是柏拉圖文本中語言本身內在的含混性，堅持認爲「pharmakon這個字哪怕意思是『藥物』時，也暗示，而且一再暗示，這同一個字在別的地方和在另一個層面上，又有『毒藥』的意思」。[22]對柏拉圖的對話，德里達做了一次典型的、頗爲冗長的解構式細讀，力求打亂柏拉圖對正反兩面的區別，並且動搖柏拉圖對同一個字相反二義的控制。德里達說柏拉圖極力防止「藥轉爲醫藥，毒品轉爲解毒品」，但是「在可以作出任何決定之前」，pharmakon這個字早已包含了那根本的含混性。德里達最後總結說：「pharmakon的『本質』就在於沒有固定的本質，沒有『本來』的特點，因此在任何意義上（無論玄學、物理、化學或煉金術的意義上），它都不是一種『物質』。」[23]

我們在前面討論過的各種中西方文本，當然都處處在證明藥物沒有一個固定不變的本性，只不過這些文本不像高談理論的文章那樣，把語言文字弄得那麼玄之又玄，晦澀難解。德里達的目的在於動搖任何物質的穩定性，但對我們前面討論過的其他作者說來，恰好是事物一時相對穩定的性質會形成治療或致命的效力。對於像pharmakon這樣有相反含義的字，在語言的實際運用中，在人生的現實境況中，都往往需要作出明確區分，一旦決斷，就無可反悔，而正是這樣的後果會構成人生以及藝術當中的悲劇性（或喜劇性）。

治療與致命的辯證關係

我們討論了中國和西方關於人體、良藥和毒藥以及醫術等等的比喻，從中悟出一點道理，得出一些見解，就可以幫助我們從跨文化的角度來解讀莎士比亞，尤其是讀《羅密歐與朱麗葉》，因為我認為在這個劇中，政治軀體的觀念以及良藥和毒藥的辯證關係，都是構成劇情並推進劇情發展的關鍵和主題。在這個悲劇行動的核心，有一連串迅速發生的事件：羅密歐被放逐，勞倫斯神父給朱麗葉一劑藥，使她偽裝死去，勞倫斯神父給羅密歐的信突然受阻，未能送到，最後是悲劇性結局，羅密歐服毒而死，朱麗葉用匕首自殺。藥劑和毒藥、神父和賣藥者、愛與恨，我們在劇中到處發現這樣的對立力量，正是它們使此悲劇得以一步步發展。悲劇的背景是蒙塔古和卡普勒兩個家族的世仇，這世仇就好像維洛那城患的一場疾病，最終要犧牲兩個戀人才能治癒。於是羅密歐與朱麗葉的愛，就不只是兩個年輕戀人的私事，而是治癒一個有病的城邦和社群的手段，是給維洛那止血去痛的良藥。勞倫斯神父同意為羅密歐與朱麗葉秘密主持婚禮，就正是看到了這一點，所以他說：「在有一點上，我願意幫助你們，／因為這一結合也許有幸／把你們兩家的仇恨轉變為相親。」（II. iii.86）後來事情果然如此，但卻不是按照神父本來的意願那樣進行。羅密歐與朱麗葉的愛不僅有悲劇性，而且具有拯救的性質；如果那只是兩個年輕人的愛，沒有救贖和化解世仇的重要社會價值，也就不成其爲悲劇。因此，他們的愛是治療兩家世仇的一劑良藥，但對兩位情人而言，那又卻是致命的藥，而與此同時，對於維洛那城說來，那藥又證明很有療效。在此劇結尾，他們的愛情和犧牲的社會性質得到了公衆的承認，因爲在維洛那城，將「用純金」鑄造這兩位情人的雕像，象徵和睦和仇恨的化解，意味著城邦終將恢復和平與秩序。

現在讓我們考察一下此劇文本的細節。此劇開場，就有合唱隊在劇前的引子裡告訴我們說，這悲劇發生「在美麗的維洛那，我們的場景，……公民的血使公民的手沾污不淨（Where civil blood makes civil hands unclean）」。蒙塔古和卡普勒兩家的血仇使維洛那城流血不止，所以政治軀體的觀念在此爲全劇的行動提供了一個帶普遍性的背景。這裡重複兩次的civil一詞，特別有反諷的意味，因爲維洛那城流「公民的血」那場世仇，一點也不civil（「公民的」、「文明的」、「有禮貌的」）。正如吉爾．烈文森所說，「在這裡，這個重複的詞就爲維洛那城的各種矛盾定了基調，產生出概念的反對，一種詞語的反轉（synoeciosis or oxymoron）。」[24] 我們在良藥和毒藥相反而相成的關係中看到的，當然正是矛盾和反轉。這裡提到維洛那或特定的義大利背景，也自有特別意義，因爲在伊麗莎白時代和詹姆斯王時代的英國，由於長期以來與羅馬天主教會爲敵，也由於誤解馬基維利的著作，在一般英國人想像中和英國戲劇表演的套子裡，都把義大利與放毒和陰險的計謀緊密相連。十六世紀一個與莎士比亞同時代的作家費恩斯．莫里遜就說：「義大利人善於製造和使用毒藥，早已得到證明，不少國王和皇帝都從那混合著我們救世主珍貴聖血的杯子裡飲下毒藥而亡。」他還說：「在我們這個時代，施毒的技藝在義大利據說連君主們也會嘗試使用。」[25] 這裡說的好像正是

《羅密歐與朱麗葉》中的維洛那，那是一個相當陰暗的地方，而正是在那個背景之上，特別由朱麗葉所代表的光明的意象，才顯得那麼格外地突出。然而，在服用勞倫斯神父爲她準備的藥劑之前，甚至連朱麗葉也有過那麼短暫一刻的疑慮，懷疑「萬一那是神父調製的一劑毒藥，要我在服用之後死去」。（IV.iii.24）當然，朱麗葉很快就下定決心，與其被迫第二次結婚，因而背棄與羅密歐的婚姻，倒不如相信神父可以解救她脫離困境。然而神父的藥劑並未能幫她逃出困境，反而出乎意料，最終造成兩位情人悲劇性之死。因此最終說來，神父希望能救人的藥劑，和最後毒死羅密歐的毒藥並沒有什麼兩樣。

愛與死的一體兩面

讓我們重新回顧一下，古代中國爲醫師下的定義是「聚百毒以共醫事」。莎士比亞同時代劇作家約翰．韋伯斯特（John Webster）在其描寫陰謀與復仇的著名悲劇《白魔》（*The White Devil*）裡，對醫生的描述也恰好如此：「醫師們治病，總是以毒攻毒」。（III.iii.64-5）有論者評論此言說：「以這句話，弗拉密諾便把醫師的職業與施毒者的勾當，放在同一個陰暗的角落裡。」[26] 在《羅密歐與朱麗葉》中，醫師和施毒者之間界限模糊，正是一個重要的主題，而羅密歐在曼都亞一間破舊不堪的藥鋪買了劇毒的藥劑之後說的一段話，更特別點出了這個主題。他對賣藥人說：

> 把你的錢拿去——在這令人厭倦的世界上，

比起那些禁止你出售的可憐的藥劑，
這才是害人靈魂更壞的毒藥，殺人更多，
是我賣了毒藥給你，你並沒有賣藥給我。（V.i.80）

羅密歐用這幾句話，就顛倒了金錢與毒藥的功用，也顛倒了賣毒的人和付錢買毒藥的顧客之間的關係。

羅密歐的語言始終充滿矛盾和詞語轉換，上面所引那幾句話，不過是許多例子當中的一例而已。在此劇開頭，羅密歐還沒有上場，老蒙塔古已經把兒子的失戀描述成一種病，說「他這樣幽暗陰鬱絕不是什麼好兆頭，／除非良言相勸可以除掉他心病的根由」。（I.i.139）羅密歐一上場第一番台詞，就是矛盾和反語的典型，幾乎把相反的詞語推到了極點：

啊，互相爭鬥的愛，互相親愛的恨，
啊，無中可以生有的神秘！
啊，沉重的輕鬆，認真的空虛，
看似整齊，實則畸形的一片混亂，
鉛重的羽毛，明亮的濃煙，冰冷的火，有病的強健，
永遠清醒的沉睡，似非而是，似是而非！

> 我感覺到愛，卻又沒有愛在這當中。（I.i.174）

正如弗蘭克・凱莫德所說，「這裡眞是相反詞語的家園」。[27] 所以，雖然這些誇張而自相矛盾的話表現羅密歐還沒有遇見朱麗葉之前，自以爲愛上羅莎琳而又失戀時混亂的情緒，我們卻不應該把這些精心建構起來的矛盾詞語輕輕放過，以爲這不過表露年輕人對愛情的迷戀，缺乏感情的深度。羅密歐的語言後來也確實有所改變，更具有詩意的抒情性。凱莫德指出，羅密歐放逐曼都亞，向賣藥人購買毒藥之前，在語言上更有値得注意的變化：「他不再有關於愛情精心雕琢的比喻，也不再有關於憂鬱的奇特幻想，卻直接面對問題；他對僕人說：『你知道我的住處，給我準備好紙和墨，雇幾匹快馬；我今晚就要出發。』」（V.i.25）[28] 可是我們在前面已看到，在這之後不久，羅密歐對賣藥人講話，就顚倒了賣毒和買毒之間的關係。所以哪怕他說的話變得更直截了當，但在他的語言中，卻自始至終貫穿著矛盾和對立面互相轉換的辯證關係。

修辭和文本的細節在改變，但在全劇中，愛與死、良藥和毒藥相反而又相成的二元性主題，卻始終沒有改變。對立的兩面不僅相反，而且是辯證的，可以相互轉換。正如弗萊所說：「我們通過語言，通過語言中使用的意象，才眞正理解羅密歐與朱麗葉的*Liebestod*，即他們熱烈的愛與悲劇性的死如何密不可分地聯在一起，成爲同一事物的兩面。」[29] 在這個意義上說來，勞倫斯神父爲朱麗葉調製的藥劑與羅密歐在曼都亞購買的毒藥，就並非彼此相反，卻是「密不可分地聯在一起，成爲同一事物的兩面」，和我們在前面討論過的中國古代文本一樣，都說明同一藥物既有治病的療效，又有致命的毒性。

在《羅密歐與朱麗葉》中，勞倫斯神父出場時有一大段獨白（II.iii.1-26），最清楚詳細地講明了世間萬物相反復又相成，良藥與毒藥可以互換轉化的道理。他一大早起來，一面在園子裡散步，採集「毒草和靈葩」放進手挎的籃子裡，一面思索事物辯證轉化之理，感嘆大地既是生育萬物的母胎，又是埋葬萬物的墳墓，善與惡在事物中總是密切聯在一起，稍有不慎，就會打破二者的平衡：「運用不當，美德也會造成罪過，／而行動及時，惡反而會帶來善果」（II.iii.17）。他接下去又說：

這柔弱的一朵小花細皮嬌嫩，
卻既有藥力，又含毒性：
撲鼻的馨香令人舒暢，沁人心脾，
但吃進口中，卻讓人一命歸西。
人心和草木都好像有兩軍對壘，
既有強悍的意志，又有善良慈悲；
一旦邪惡的一面爭鬥獲勝，
死就會像潰瘍，迅速擴散到全身。（II.iii.19）

神父在這裡提到「這柔弱的一朵小花」，令人想起沈括所講軼事中的硃砂和劉禹錫自敘故事中的藥丸，因爲它們都共同具有同一物質的二元性，都既是良藥，又是毒藥，既有治病的功效，又有毒殺人的相反效力。這些都不僅僅是相反的性質，而且是可以互換的性質，而有趣的是，英國皇家莎士比亞劇團扮演勞倫斯神父極爲成功的演員朱利安·格羅斐，正是借助於中國陰陽互補的觀念，來理解神父那一長段獨白，揣摩他如何思考自然及世間萬物相反力量的微妙平衡。在談到勞倫斯神父的性格時，格羅斐認爲在那段長長的獨白裡，神父在讚歎「萬物的多樣性」，並且試圖「用『柔弱的一朵小花』既有藥力，又含毒性這樣一個極小的例子，來說明那宏大的主題：即陰陽互補，任何事物都包含完全相反的性質，所以世間才有平衡。」[30] 在一定意義上，我們可以說《羅密歐與朱麗葉》這整個悲劇都是建立在這個「宏大的主題」之基礎上，即一切事物都內在地具有相反性質，而且會互相轉換，良藥和毒藥的轉化就是最令人驚懼的例證。我在前面已經說過，勞倫斯神父爲朱麗葉準備了一劑藥，他派人給羅密歐送信，卻半途受阻而未能送達，這些都是關鍵，最終造成悲劇災難性的後果。所以神父在花園裡的獨白，就帶有悲劇預言那種不祥的暗示意味，可是那預言的意義神父自己在當時也不可能知道，而且完全超乎他一心想做好事的本意。由於事情的進展陰差陽錯，完全無法預料，神父最後竟然成了自己所講那一通道理的反面例證，即他所謂「運用不當，美德也會造成罪過」。

然而莎士比亞的讀者們、觀衆們和批評家們，都並不總能充分理解和欣賞良藥和毒藥之二元性這一中心主題。喬安·荷爾莫就說過，現代讀者往往不假思索，就認爲勞倫斯神父那一長段獨白不過是老生常談，不值得深思，可是這樣一來，他們就忽略了「莎士比亞設計這段話當中的獨創性」。[31] 甚至阿登版莎士比亞《羅密歐與朱麗葉》的編者布萊安·吉朋斯在論及神父的語言時，也貶之爲「格式化的說教，毫無創意而依賴一些陳詞濫調刻板的套子」。[32] 可是把莎士比亞劇本和此劇所直接依據的作品，即阿瑟·布魯克的長詩《羅密烏斯與朱麗葉》比較起來，莎劇裡神父的形象顯然擴展了很多，而他那段獨白裡表露出來的哲理，也爲我們理解這齣悲劇的行動和意義提供了最重要的線索。正如朱利安·格羅斐認識到的，「柔弱的一朵小花」那極小的例子，可以說明陰陽互補的「宏大主題」，良藥與毒藥微妙的平衡；在更普遍的意義上，這個例子也暗示出由幸運轉向不幸，由善良的意願導致災難性結果的悲劇性結構。

無法抵抗的更大力量

亞里士多德早已指出過，轉化和認識是「悲劇打動人最重要的因素」。[33] 在《羅密歐與朱麗葉》一劇中，轉化不僅是戲劇行動關鍵的一刻，而且在戲劇語言中，在隨處可見的詞語矛盾中，在令人揮之不去的預示性意象中，都一直有某種暗示。神父準備爲羅密歐與朱麗葉主持婚禮這一「聖潔行動」時，他曾警告他們說：「這樣暴烈的快樂會有暴烈的結果，／就好像火接觸火藥，一接吻／就化爲灰燼」。（II.vi.9）這又像是具悲劇意味的讖語，因爲這兩位戀人最後都以身殉情，在臨死前說的話裡都回應著「接吻」一詞。羅密歐在飲下毒藥之前，對朱麗葉說：「這是爲我的愛乾杯！賣藥人啊，／你說的果然是實話，你的藥眞快。我就在這一吻中死去」。（V.iii.119）朱麗葉醒來後想服毒自盡，說話時也重複了這一個意象：「我要吻你的嘴唇。／也許上面還留下一點毒液，／好讓我死去而重新與你會合」。（V.iii.164）當然，轉化還顯露在聰明又一心想做好事的神父身上。他曾警告羅密歐：「做事要慢而審慎；跑得太快反而會跌倒」。（II.iii.90）可是到最後，正是他很快跑去墳地而跌倒：「聖芳濟保佑！今夜我這雙老腿／怎麼老在墳地裡跌跌撞撞」。（V.iii.121）因此，從整個悲劇的結構到具體文本的細節，世間萬物的二元性和對立面的轉化都是《羅密歐與朱麗葉》一劇的核心，而勞倫斯神父對「這柔弱的一朵小花」所包含的毒性與藥力的思考，最明確地揭示了這一核心的意義。

勞倫斯神父固然博學多識，深明哲理，可是卻無法預見自己計謀策劃和行動的後果，然而到最後，衆人卻只能靠他來解釋悲劇爲什麼會發生，如何發生。神父在結尾的講述並非只是重複觀衆已經知道的情節，因爲在劇中所有的人物裡，在那時刻他是唯一的知情人。他說的話又充滿了詞語的矛盾：

> 我雖然年老體衰，卻有最大嫌疑，
> 因爲時間和地點都於我不利，好像
> 我最可能犯下這恐怖的殺人罪。
> 我站在這裡，既要控告我自己，
> 也要爲自己洗刷清白，證明無罪。（V.iii.222）

神父不能預見自己計劃和行爲的後果，其實正是產生悲劇的一個條件，因爲這正顯出人類必有的悲劇性的局限，而他最後認識到這類局限也非常關鍵，因爲他由此而表現齣悲劇中另一個重要因素，即認識。亞里士多德說：「認識，正如這個詞本身意義指明的，是由不知轉爲知。」[34] 朱麗葉在墳墓裡醒來時，神父力勸她離開這個「違反自然的昏睡、且充滿瘴氣的死之巢穴」，在那個時刻，他已經認識到「我們無法違抗的一種更大的力量／已經阻礙了我們的計劃」。（V.iii.151）我們現代人的頭腦總希望尋求一個符合理性的解釋，所以神父這句話很可能沒有什麼說服力，有些批評家也因此責怪勞倫斯神父，甚至責怪莎士比亞，認爲他們太過分地用偶然機緣來解釋悲劇的發生。然而對於古典的和莎士比亞的悲劇觀念而言，恰恰是「我們無法違抗的一種更大的力量」把悲劇行動推向命運的轉捩，造成一連串陰差陽錯的事件，而這些事件「按照或然律或必然律」發展，[35] 自有其邏輯線索可循。和索福克勒斯（Sophocles）偉大悲劇中的伊底帕斯（Oedipus）一樣，悲劇主角爲逃避厄運所做的每一件事情，都恰恰把他推向那似乎命中注定的厄運，引向必不可免的悲劇性結局。無論你怎樣誠心做好事，你總是無法預知自己行爲的後果，也無法控制這些後果。神父在思考平衡與轉換、善與惡、良藥與毒藥之相反相成時，豈不正是講的這樣一個道理嗎？

對立面的相反相成構成悲劇

《羅密歐與朱麗葉》成爲莎士比亞最讓人喜愛、最受歡迎的劇作之一，當然是由於年輕戀人的愛與死，由於詩劇語言之美，由於強烈的感情表現在令人印象深刻的意象和比喻裡。不過我要指出的是，對立面的相反相成，尤其是良藥與毒藥的含混與辯證關係，構成整個的中心主題，使悲劇才

10550

台北市南京東路四段25號11樓

網路與書股份有限公司台灣分公司 收

廣告回信
台灣北區郵政管理局登記證
北台字第15343號

地址：

縣 市

市／區 鄉／鎮

街 路

段

巷

弄

號

樓

（請寫郵遞區號）

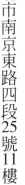

Net and Books 網路與書

讀者服務卡

謝謝您購買本書！

如果您願意收到網路與書最新書訊及特惠電子報：

- 請直接上網路與書網站 www.netandbooks.com 加入會員，免去郵寄的麻煩！
- 如果您不方便上網，請填寫下表，亦可不定期收到網路與書書訊及特價優惠！請郵寄或傳真 +886-2-2545-2951。
- 如果您已是網路與書會員，除了變更會員資料外，即不需回函。
- 讀者服務專線：0800-322220；email: help@netandbooks.com

姓名：＿＿＿＿＿＿＿＿＿＿＿＿ **性別**：□男　□女

出生日期：＿＿＿年＿＿＿月＿＿＿日　**聯絡電話**：＿＿＿＿＿＿＿＿

E-mail：＿＿＿＿＿＿＿＿＿＿＿＿＿＿＿＿

您所購買的書名：＿＿＿＿＿＿＿＿＿＿＿＿＿＿

從何處得知本書：1.□書店 2.□網路 3.□網路與書電子報 4.□報紙 5.□雜誌 6.□電視 7.□他人推薦 8.□廣播 9.□其他

您對本書的評價：

(請填代號 1.非常滿意 2.滿意 3.普通 4.不滿意 5.非常不滿意)

書名＿＿＿ 內容＿＿＿ 封面設計＿＿＿ 版面編排＿＿＿ 紙張質感＿＿＿

對我們的建議：＿＿＿＿＿＿＿＿＿＿＿＿＿＿＿＿

＿＿＿＿＿＿＿＿＿＿＿＿＿＿＿＿＿＿＿＿

＿＿＿＿＿＿＿＿＿＿＿＿＿＿＿＿＿＿＿＿

＿＿＿＿＿＿＿＿＿＿＿＿＿＿＿＿＿＿＿＿

成其爲悲劇，而在劇中，是勞倫斯神父把這個中心主題作了最令人難忘的表述。兩個年輕戀人遇到困難，總是找神父出主意，所以神父的一舉一動，對劇情的發展都有決定性影響。如果沒有神父的祝福，羅密歐與朱麗葉就不可能成婚，沒有神父調製的藥劑，朱麗葉就無法逃脫強加給她的第二次婚姻，但另一方面，悲劇也就不可能像劇中那樣發生。所以從戲劇的觀點看來，勞倫斯神父實在是處於戲劇行動的中心位置，他所起的作用，也遠比人們一般承認的要重大得多。

我想要再強調的一點是，我們是從跨文化閱讀的角度，才得以更好地理解和欣賞這一中心主題，因爲我們把《羅密歐與朱麗葉》和沈括、劉禹錫、李綱等中國文人的著作一起閱讀，才開始看出毒藥與良藥辯證關係的重要，才最明確地理解陰陽互補那「宏大的主題」，即同一事物中相反性質的共存和轉換。讓我們再看看沈括對硃砂既能殺人，又能治人之變化的本性所做的評論：「以變化相對言之，既能變而爲大毒，豈不能變而爲大善；既能變而殺人，則宜有能生人之理。」這裡突出的觀念當然是藥物既能治病、又能毒殺人的二重性。我們可以把這幾句話與勞倫斯神父的話並列起來，神父所說是關於人與自然中相反力量的平衡，關於對立面的辯證關係：

這柔弱的一朵小花細皮嬌嫩，
卻既有藥力，又含毒性：
撲鼻的馨香令人舒暢，沁人心脾，
但吃進口中，卻讓人一命歸西。

人心和草木都好像有兩軍對壘，
既有強悍的意志，又有善良慈悲。

文本這樣相遇就明顯地證明，在很不相同的文學和文化傳統中，有思想和表達方式上出奇的共同性。我們要深入理解不同的文本，固然需要把它們放進各自不同的獨特環境裡，但超乎它們的差異之上，主題的模式將逐漸呈現出來，把差異放在它們適當的位置上，並且顯露人們的頭腦在運作當中令人驚訝的相似，揭示人類在想像和創造當中的契合。良藥與毒藥的含混可以代表相反性質的辯證關係，而這種辯證關係也許正是自然和人類世界活動中最基本的模式之一，即事物的發展有推向其反面的趨勢，而反轉又很可能是一種回歸。

註釋

① Joseph Needham,*Science and Civilization in China*,vol.2（Cambridge:Cambridge University Press,1956),p.267.

② 沈括撰、胡道靜校註《新校正夢溪筆談》（香港：中華書局，一九七五），頁十九。

③ 同上，頁二百三十八。

④ 同上，頁二百四十四。

⑤ Angus Fletcher,*Allegory:The Theory of a Symbolic Mode* (Ithaca:Cornell University Press,1964),p.199.

⑥ 同上，頁二百注。

⑦ 劉禹錫，《因論七篇·鑑藥》，《劉禹錫集》，全二冊（北京：中華書局，一九九○），第一冊，頁七十七。

⑧ 李綱，《論治天下如治病》，《梁溪集》卷一百五十，《四庫全書》影印本（上海：上海古籍，一九八七），第一千一百二十六冊，頁六百四十八a。

⑨ 李綱，《醫國說》，《梁溪集》卷一百五十七，同上，頁六百八十三b至六百八十四a。

⑩ 弗萊切爾在論及人體和政體的比喻時說，法國作家加繆（Albert Camus）的現代諷喻小說《鼠疫》（*La Peste*）就是「以老鼠傳播的疫疾來比喻侵略者軍事佔領（即納粹佔領奧蘭）的瘟疫以及聯帶的政治疾病」。參見Fletcher,*Allegory*，頁七十一。關於大宇宙和小宇宙的感應觀念，尤其這種觀念在十六至十七世紀英國文學中的表現，蒂利亞德著《伊麗莎白時代的世界圖象》（E.M.W.Tillyard,*Elizabethan World Picture* [New York:Macmillan,1944]）仍然是很有參考價值的一本小書。

⑪ Plato,*Republic* V.464b,*The Collected Dialogues,Including the Letters*,eds.Edith Hamilton and Huntington Cairns (Princeton:Princeton University Press,1963),p.703.

⑫ John of Salisbury,*Policraticus:Of the Frivolities of Courtiers and the Footprints of Philosophers*,5:2,in Cary J.Nederman and Kate Langdon Forhan (eds.),*Medieval Political Theory:A Reader:The Quest for the Body Politic,1100-1400* (London:Routledge,1993),pp.38-39.

⑬ 《周禮注疏》，阮元，《十三經注疏》，全二冊（北京：中華書局，一九八〇），第一冊，頁六百六十六。

⑭ Michael Roberts,*Nothing Is Without Poison:Understanding Drugs* (Hong Kong:The Chinese University Press,2002),p.8.

⑮ 同上書，頁十三。

⑯ Virgil,*The Aeneid*,IV,trans.Rolfe Humphries (New York:Charles Scribner's Sons,1951),p.95.

⑰ 段成式，《酉陽雜俎》（北京：中華書局，一九八一），頁一百七十。

⑱ André Ménez,*The Subtle Beast:Snakes,from Myth to Medicine* (London:Taylor & Francis,2003),p.17.

⑲ 同上，頁一百三十九。最近，《紐約時報》報導說，澳洲墨爾本大學的生物學家布萊恩・弗萊（Bryan Fry）博士發現，蛇毒在醫學上很有價值。他說：「如果你把蛇都殺死，你很可能就殺掉了即將發現的極具效力的良藥。」見《紐約時報》二〇〇五年四月五日F1版（Carl Zimmer,「Open Wide:Decoding the Secrets of Venom,」*New York Times*,April 5,2005,p.F1）。

⑳ Jacques Derrida,「Plato's Pharmacy,」in Dissemination,trans.Barbara Johnson (Chicago:University of Chicago Press,1981),p.95.

㉑ 同上，頁七十。

㉒ 同上，頁九十八。

㉓ 同上，頁一百二十五—一百二十六。雖然德里達討論pharmakon揭示出這個希臘字和概念的二重

性，但他卻並沒有在他論莎士比亞《羅密歐與朱麗葉》的文章裏，發揮他關於二重性的見解，因爲他討論此劇注重在命名和格言的問題。參見Jacques Derrida, "Aphorism Countertime," in *Acts of Literature*,ed.Derek Attridge (New York:Routledge,1992),pp.414-33.

㉔ Jill L.Levenson, "Shakespeare's *Romeo and Juliet*:The Places of Invention," *Shakespeare Survey* 49,ed. Stanley Wells (Cambridge:Cambridge University Press,1996),p.51.

㉕ Fynes Moryson,*Shakespeare's Europe*,ed.Charles Hughes (London:Benjamin Blom,1903),p.406;quoted in Mariangela Tempera, "The rhetoric of poison in John Webster's Italianate plays," in Michele Marrapodi,A.J.Hoenselaars,Marcello Cappuzzo and L.Falzon Santucci (eds.),*Shakespeare's Italy:Functions of Italian Locations in Renaissance Drama* (Manchester:Manchester University Press,1997),p.231.

㉖ Mariangela Tempera, "The rhetoric of poison in John Webster's Italianate plays," in *Shakespeare's Italy*,p.237.

㉗ Frank Kermode,*Shakespeare's Language* (London:Penguin,2000),p.54.

㉘ 同上，頁五十八。

㉙ Northrop Frye, "Romeo and Juliet," in Harold Bloom (ed.),*Modern Critical Interpretations: Shakespeare's Romeo and Juliet* (Philadelphia:Chelsea House Publishers,2000),p.161.

㉚ Julian Glover, "Friar Lawrence in *Romeo and Juliet*," in Robert Smallwood (ed.),*Players of*

Shakespeare 4:Further Essays in Shakespearian Performance by Players with the Royal Shakespeare Company (Cambridge:Cambridge University Press,1998),p.167.

㉛ Joan Ozark Holmer, "The Poetics of Paradox:Shakespeare's versus Zeffirelli's Cultures of Vilence," *Shakespeare Survey* 49 (Cambridge:Cambridge University Press,1996),p.165.

㉜ Brian Gibbons,Intro.To the Arden Edition of *Romeo and Juliet* (London:Methuen,1980),p.66.

㉝ Aristotle,*Poetics* 50a,trans.Richard Janko (Indianapolis:Hackett,1987),p.9.

㉞ 同上，五十二b，頁十四。

㉟ 同上，五十二a，頁十四。

Part 3
片語

a e i u o

莎劇《哈姆雷特》中有劇中之劇。一位演員朗誦講特洛伊戰爭的古希臘悲劇，爲特洛伊王后赫邱芭的遭遇感慨流涕。哈姆雷特見此不禁感嘆道：What's Hercuba to him, or he to Hecuba, /That he should weep for her?（赫邱芭與他何涉，他又與赫邱芭何干，/而他卻要爲她流淚？）這句話很能代表文學藝術超越時空的感染力量。同樣，我們可以想想，我們與哈姆雷特又有什麼關係，爲什麼我們會被他的悲劇感動，爲他流淚呢？

中世紀的情詩

義大利作家和文學理論家艾可（Umberto Eco）認爲，一般人以爲中世紀禁欲苦行，不懂得愛情和現世快樂，其實是一種偏見。他說：「一切時代的禁欲主義者並非不知道世俗快樂的誘惑，他們其實比大多數人感受得更爲深切。」喬叟《坎特伯雷故事集》裡的女修道院長，誰會料到刻在她金首飾上的拉丁銘文，竟是*Amor vincit omnia*，即「愛征服一切」？一首佚名的德文小詩用妙喻表達愛情的專一，竟是十二世紀的作品。詩人對情人說，你我永不相忘：「Dû bist beslozzen/in mînem herzen:/verlorn ist daz slüzzelîn:/dû muost immer drinne sîn」（你已被鎖進／我這顆心：／鑰匙已經丟失：／你得永遠留在這裡）。此詩質樸簡練，把心比爲失去鑰匙的箱子，裡面鎖著永恆的愛。我們如果以爲中世紀人終日虔誠祈禱，只想著上天堂入地獄，讀到這首情詩，便會驚異詩人把愛情的專一或獨佔表達得那麼鮮明。

中國古代當然不少言情之作，但大多是描寫女人的閨怨，而且多是男性作者代言。宋元時一位書畫雙絕的才女管道升，是書畫名家趙孟頫的妻子，人稱管夫人。她寫的一首情詩，就和一般言情之作大不一樣：「你儂我儂，忒煞情多。情多處，熱如火。把一塊泥，捻一個你，塑一個我。將咱兩個，一齊打破，再捻一個你，再塑一個我。我泥中有你，你泥中有我。與你生同一個衾，死同一個槨。」這首《阿儂詞》用泥人做比喻，又打破你我，使兩個泥人合而爲一。這比喻比起把所愛者鎖在心裡，又更進一層，因爲箱子和鎖在裡面的愛，畢竟是兩件東西，而打破泥人重新塑出來的泥人，靈與肉就完全揉合在一起，不能再分彼此。這奇特的想像和極端而又妥帖的比喻，眞有令人震撼的感染力。這首詩是十三世紀作品，和上面那首十二世紀的德文詩，都用獨特的比喻寫出眞情，實在是不可多得的佳作。

晨歌

一對戀人正情投意密，如膠似漆時，突然雄雞高唱，晨光晞微，使他們不得不分手，於是他們責怪白日來臨，感嘆時光流失得太快。歐洲文學有專門表現此類題材的詩，稱爲晨歌（alba）。如有首詩中女子抱怨說，她「最恨白日，因爲它使我與情人分離」（Or ne hais riens tant com le jour,/Amins,ke me depairt de vos）。天亮時雲雀歌唱，男子卻說：「天還沒有亮」（Il n'est mie jours），「雲雀在欺騙我們」（L'alowette nos mant）。《羅密歐與朱麗葉》第三幕五場，朱麗葉不願羅密歐離去，也說：「Wilt thou be gone? It is not yet near day:/It was the nightingale,and not the lark」（你就要走了嗎？天還沒有亮呢。／那是夜鶯在歌唱，不是雲雀）。

這使人想起《詩・女曰雞鳴》：「女曰雞鳴，士曰昧旦。子興視夜，明星有爛。」女子說雞叫了，男子卻說，天還沒亮呢。你起床看看，天上還有好多星星呢。《詩・雞鳴》也說：「雞既鳴矣，朝既盈矣。匪雞則鳴，蒼蠅之聲。東方明矣，朝既昌矣。匪東方則明，月出之光。」戀人們不願別離，就說那不是雞鳴，是「蒼蠅之聲」，不是東邊天亮，是「月出之光」。英國詩人喬叟（G.Chaucer）名作《屈伊洛斯與克麗茜德》中，戀人責備太陽說：「O fool,wel may men thee dispyse,/That hast the Dawing al night by thy syde,/And suffrest hir so sone up fro thee ryse,/For to disseen loveres in this wyse」（傻瓜啊，難怪人們笑你／整夜抱住黎明不放，／卻又讓她這麼早起，／使別的情人們分離）。唐恩（John Donne）《日出》也說：「Busie old foole,unruly Sunne,/Why dost thou thus,/Through windowes,and through curtaines call on us?/Must to thy motions lovers seasons run?」（愛管閑事的老傻瓜，粗暴的太陽，／你爲什麼透過窗簾／把我們叫醒？難道情人們的時辰／也要以你的運轉爲準？）《樂府詩集．讀曲歌》所謂「漏刻無心腸，復令五更畢」，「打殺長鳴雞，彈去烏臼鳥」，也都不想白日來臨，不願雞鳴鳥叫。可見古今中外，天下情人心同理同，所以在各民族文學中，都有這類動人的晨歌。

詩和色彩

李賀《南園十三首》之一描寫紅白相間的花：「花枝草蔓眼中開，小白長紅越女腮。」《北中寒》寫北方的冬天：「一方黑照三方紫，黃河冰合魚龍死。」《月漉漉篇》寫荷花凋謝：「秋白鮮紅死，水香蓮子齊。」這都在同一句中用兩個顏色詞，濃郁而分明。又《摩多樓子》：「天白水如練，甲絲雙串斷。」《南山田中行》：「秋野明，秋風白。」《將發》：「秋白遙遙空，月滿門前路。」秋水白，秋風也白，甚至乾脆說秋白，這白字用得很特別。再看綠字。《龍夜吟》：「鬈髮胡兒眼睛綠，高樓夜靜吹橫竹。」《呂將軍歌》：「赤山秀鋌禦時英，綠眼將軍會天意。」寫唐代西域胡人形象，頗生動傳神。《長歌續短歌》：「淒淒四月闌，千里一時綠」，用綠字寫春景，也很得力。李賀愛用紅、白、黑、紫等字，好像詩中有鮮明色塊，風格奇特。

濟慈（John Keats）描繪女神塞姬（Psyche）睡在花間，連用好幾個顏色詞：「Blue,silver-white,and budded Tyrian」（碧藍、銀白和紫紅的花苞）。丁尼生（Alfred Tennyson）描寫神話中女王，也用同樣手法：「All glittering like May sunshine on May leaves/In green and gold,and plumed with green replied」（像五月的陽光照在五月的樹葉上，／碧綠而金黃，又戴著綠色映襯的羽毛）。韓波（Arthur Rimbaud）有首詩寫自己對韻母和色彩的主觀聯想：「A noir,E blanc,I rouge,U vert,O bleu: voyelles,/Je dirai quelque jour vos naissances latentes」（A黑色，E白色，I紅色，U綠色，O藍色：韻母啊，／有一天，我會講述你們隱秘的誕生），似乎語言本身就能產生五顏六色的幻想。彌爾頓描寫地獄的可怕情景，說那裡四處是「看得見的黑暗」（darkness visible），燃燒著「黑色的火焰」（black fire），也是十分奇特的想像。這些例子說明，詩人在想像中描繪各種事物和風景，善用顏色詞可以增強形象性和實感，使詩中所寫歷歷如在目前。

詩中用顏色詞

歌德《浮士德》裡的魔鬼靡菲斯托（Mephistopheles）爲了引誘青年學子去放蕩，便說：「Grau,teurer Freund,ist alle Theorie/Und grün des Lebens goldner Baum」（灰色，親愛的朋友，乃一切理論，／綠色才是生命的黃金之樹）。范晞文《對床夜語》有句話評杜甫，可以借來幫我們理解歌德詩句的妙處：「老杜多欲以顏色字置第一字，卻引實字來。如『紅入桃花嫩，青歸柳葉新』是也。不如此，則語既弱而氣亦餒。」歌德此句，灰色暗淡，綠色則象徵生命與活力，而「黃金」修飾生命之樹，乃亟言其可貴。莎士比亞《馬克白》寫被殺的國王：「Here lay Duncan,/His silver skin lac'd with his golden blood」（鄧肯躺在這兒，／銀白的皮膚上染著一圈黃金的血），這「黃金」也是寶貴之意，而非血色。馬克白謀殺國王後，被沉重的負罪感折磨，覺得大海也洗不淨滿手血跡：「No,this my hand will rather/The multitudinous seas incarnadine,/Making the green one red」（不，我這隻手倒會／染透大海浩瀚的波濤，／把碧綠變爲一片通紅）。這由綠變紅的色彩表現罪惡之深，也渲染出悲劇的緊張氛圍。本來incarnadine是形容詞，意爲「肉紅色」，莎士比亞在此用作動詞，意爲「染成血紅色」。在這個來自法文、帶點書卷氣的多音節詞之後，又用單音節地道的英語詞green和red，再次重複，給人的印象就尤其強烈。

把表顏色的形容詞用作動詞，使人想起王安石《泊船瓜州》的名句：「春風又綠江南岸，明月何時照我還？」這綠字使江南春景即刻呈現在眼前。英國詩人John Donne有句云：「Ride ten thousand days and nights,/Till age snow white hairs on thee」（騎馬去周遊一萬個日夜吧，／直到老年給你降下一頭如雪的白髮）。本來snow作「下雪」講是不及物動詞，這裡卻作及物動詞用，snow white hairs是將白髮如雪一般降下。這新奇用法突出如雪的白髮，賦予詩句鮮明的色彩。可見善用顏色詞，可以使詩句格外醒目，讀後令人難以忘懷。

珠圓玉潤

白居易《琵琶行》曾用「大珠小珠落玉盤」來寫音樂；李商隱《擬意》則用「珠串咽歌喉」來寫歌聲。杜甫《西閣》第一首：「朱紱猶紗帽，新詩近玉琴」，則把詩和琴即音樂相比，而且用玉字來表現詩或音樂之美。可見用珠玉形容詩和音樂，在古典文學裡是常見的比喻。清人周濟《詞辨》：「北宋詞多就景敘情，故珠圓玉潤，四照玲瓏。」這是用珠玉來描述詩詞情景交融的境界，而我們稱讚某人文章或詩寫得好，往往說字字珠璣。

李商隱《錦瑟》詩歷來有不同解釋，《詩林廣記》載蘇東坡的話，認爲那是寫「適、怨、清、和」四種音樂的格調。此詩「滄海月明珠有淚，藍田日暖玉生煙」，未嘗不可解爲以珠玉來寫音樂或詩的情調，而「珠有淚」更暗示詩之產生，往往源於人生的痛苦哀愁。劉勰《文心雕龍·才略》說馮衍「坎壈盛世」而有著作，其「《顯誌》、《自序》亦蚌病成珠矣。」劉晝《劉子·激通》也說作家之著述，有如「蚌蛤結痾而銜明月之珠」。他們都用珠貝「結痾」而成珍珠，比喻痛苦產生文藝。錢鍾書先生《詩可以怨》揀出這一比喻，並舉出西方文學的例子：「格裡巴爾澤（Franz Grillparzer）說詩好比害病不作聲的貝殼動物所產生的珠子（die Perle,das Erzeugnis des kranken stillen Muscheltieres）；福樓拜以爲珠子是牡蠣生病所結成（la perle est une maladie de l'huître），作者的文筆（le style）卻是更深沉的痛苦的流露（l'ϑcoulement d'une douleur plus profonde）。海涅發問：詩之於人，是否像珠子之於可憐的牡蠣，是使它苦痛的病料（wie die Perle,der Krankheitsstoff,woran das arme Austertier leider）。豪斯門（A.E.Housman）說詩是一種分泌（a secretion），不管是自然的（natural）分泌，像松杉的樹脂（like the turpentine in the fir），還是病態的（morbid）分泌，像牡蠣的珠子（like the pearl in the oyster）。」這些不約而同的比喻，說明詩人們普遍認識到痛苦產生文藝的道理。

秋聲

歐陽修《秋聲賦》是我心愛的篇什之一。通篇以形寫聲，以聲狀聲，詩情濃郁，哲理深沉，眞所謂一唱三嘆，韻味無窮。他寫秋聲：「初淅瀝以蕭颯，忽奔騰而砰湃。如波濤夜驚，風雨驟至。其觸於物也，鏦鏦錚錚，金鐵皆鳴。又如赴敵之兵，銜枚疾走，不聞號令，但聞人馬之行聲。」這裡用了雙聲、疊韻、疊字，用庚韻，聲調鏗鏘高亢，眞是擲地有聲。他寫秋色，慘淡蕭條，寫秋聲，淒切呼號，又從時令、五行、音律等方面，突出春生秋實，物盛當殺的自然之理，寫出秋氣栗冽、砭人肌骨的寒意。然後筆鋒一轉，說草木入秋飄零，何況柔弱的人類：「奈何非金石之質，欲與草木而爭榮。」秋聲悲涼，令人哀愁，作者給書童講自然物理，實在是爲自己尋求解脫。但那奧微的哲理，書童又豈能領會，於是有這餘味無窮的結尾：「童子莫對，垂頭而睡。但聞四壁蟲聲唧唧，如助予之嘆息。」

濟慈《秋頌》（*To Autumn*）也是我心愛的篇什之一，但其情調色彩均不同於《秋聲賦》。《秋頌》分三節，先寫秋季果實繁盛：「Season of mists and mellow fruitfulness,/Close bosom-friend of the maturing sun」（迷霧沉沉、碩果累累的季節，／使萬物成熟的太陽之密友）。此句多用M音，給人一種實在而又懶洋洋的感覺。此節末句寫蜜蜂在遲開的花朵裡採蜜，也用很多M音：「For Summer has o'er-brimmed their clammy cells」（夏季早已灌滿它們黏黏的蜂房）。第二節寫秋景，收割後的麥田，農人守在榨汁機旁，看蘋果汁從中流出，頗有風俗畫意味。最後一節寫秋聲，夕陽西下，田野一片玫瑰色，河沿柳叢中蟲聲唧唧，山邊傳來羊羔的叫喚，蚱蜢和知更鳥在草叢林間歌唱，歸巢的燕子也在空中呢喃細語。濟慈寫的秋天色調溫暖，不像歐陽修筆下蕭瑟的清秋。兩者各有不同的音調色彩，寫出不同的心境，然而都是寫秋天的佳作，值得讀者玩味。

山水與靜默

華茲華斯是湖畔詩人（Lake Poets），極善描繪湖光山色。其名作《丁登寺》（*Tintern Abbey*）寫他登山所見：四野一片蔥綠，林間一煙如縷，緩緩升起，或許有隱者居於洞中（Or of some Hermit's cave,where by his fire/The Hermit sits alone）。詩人自述年輕時登山，只知飽覽山色：「a feeling and a love,/That had no need of a remoter charm,/By thought supplied,nor any interest/Unborrowed from the eye.」（只有感覺和愛，／而無須那由思索所得／更高遠的意趣，但凡眼睛／看不見的，也就不會留意）。在有更多人生經驗和閱歷之後，他才體會更深：「For I have learned/To look on nature,not in the hour/Of thoughtless youth;but hearing oftentimes/The still,sad music of humanity」（因爲我學會／靜觀自然，不再像／毫無思想的青年時代；而會常常／聆聽人生靜默而憂傷的音樂）。華茲華斯還認爲，自然山水不僅悅人於一時，而且在人感到孤獨哀傷時，還能在回味中給人慰藉，使人振作。所以他說：「While here I stand,not only with the sense/Of present pleasure,but with pleasing thoughts/For future years」（我站在這裡，不僅感到／此刻的快樂，而且有爲將來／令人愉悅的思緒）。他寫詩詠水仙，也說那些豔麗的花朵不僅此時給人快樂，而且將來在他心情抑鬱茫然的時刻，會重新「閃現在心靈的眼前」（They flash upon that inward eye），使他的心「深感幸福，／與水仙花兒翩翩共舞」（with pleasure fills,/And dances with the daffodils）。

李白《獨坐敬亭山》：「衆鳥高飛盡，孤雲獨去閑。相看兩不厭，只有敬亭山。」詩人只說看山不厭，沒有說出其中究竟，到底看出些什麼妙處來。《山中問答》則更進一步：「問余何意棲碧山，笑而不答心自閑。桃花流水窅然去，別有天地非人間。」如果華茲華斯讀到李白詩，會不會嫌其太簡略，沒有說出自然的好處來？李白是否又會「笑而不答」，或者嫌西方詩人千言萬語，終究沒有說出自然的妙處來呢？這問題也許無法回答，也無須回答，但卻未嘗不可以引人深思。

詩酒之緣

人生短促的意識產生及時行樂的願望，而在詩文中，及時行樂又往往和酒分不開。曹操《短歌行》已廣爲人知：「對酒當歌，人生幾何？」陸機也有《短歌行》：「置酒高堂，悲歌臨觴。人生幾何，逝如朝霜。」陶潛把酒稱爲「忘憂物」，《雜詩八首》之一：「得歡當作樂，斗酒聚比鄰。盛年不重來，一日難再晨，及時當勉勵，歲月不待人，」就把人生短促與酒和歡樂聯在一起。李白《將進酒》：「君不見黃河之水天上來，奔流到海不復回。君不見高堂明鏡悲白髮，朝如青絲暮成雪。人生得意須盡歡，莫使金樽空對月」，用意頗近。佩服陶潛的辛棄疾說，陶的同時代人只知道追求名利，不懂得酒：「江左沉酣求名者，豈識濁醪妙理」（《賀新郎》）。而他自己則「醉裡且貪歡笑，要愁那得工夫」（《西江月》）！

希臘詩人阿拉克里昂（Anacreon）也善於寫酒和愛情，對後來歐洲詩人影響不小。十九世紀英國人費茲傑拉德（Edward Fetzgerald）譯波斯詩人莪瑪・卡雅姆（Omar Khayyám）的《魯拜集》，尤其近於陶潛、李白之作。如其二：「Dreaming when Dawn's Left Hand was in the Sky/I heard a Voice within the Tavern cry,/『Awake,my Little ones,and fill the Cup/Before Life's Liquor in its Cup be dry.』」（夢中曙色已初起，忽聞酒肆呼聲急：生命之酒尚未乾，舉杯痛飲無復疑。）又其三：「And,as the Cock crew,those who stood before/The Tavern shouted-『Open then the Door!/You know how little while we have to stay,/And,once departed,may return no more.』」（酒肆門前雄雞鳴，衆人呼叫「快開門！此處停留僅片刻，一去無處尋歸程。」）我故意譯得像舊詩，因爲古波斯之魯拜（rubaiyat）可能來自唐代絕句，從形式和情調上看，兩者的確很相似。

其實酒並不眞能解愁。李白就說過：「抽刀斷水水更流，舉杯消愁愁更愁。」酒可以造成迷狂興奮的狀態，或許有利於詩人的創作。這是否就是詩人與酒結下不解之緣的緣故呢？

雙聲疊韻

《詩人玉屑》：「雙聲者，同音而不同韻也；疊韻者，同音而又同韻也。」並舉例說「若彷彿、熠耀、騏驥、慷慨、咿喔、霢霂，皆雙聲也；若侏儒、童蒙、崆峒、巃嵸、螳螂、滴瀝，皆疊韻也。按李群玉詩曰：『方穿詰曲崎嶇路，又聽鉤輈格磔聲。』詰曲、崎嶇，乃雙聲也；鉤輈、格磔，乃疊韻也。」雙聲是聲母相同，疊韻是韻母相同，雙聲疊韻可造成特別效果，在詩文中常用。

李群玉詩中「詰曲崎嶇」和「鉤輈格磔」不僅雙聲疊韻，而且唸起來拗口，很不順當。這句詩寫的是跋涉艱難，所以讀來拗口正可以在音調節奏上體現詩句的含義。白居易《琵琶行》名句：「嘈嘈切切錯雜彈，大珠小珠落玉盤。間關鶯語花底滑，幽咽流泉水下灘。」嘈嘈切切爲擬聲疊字，間關疊韻，鶯語、幽咽雙聲，花與滑同聲同韻，可見詩人用各種手法描寫激越悲哀的音樂，每個字的音調節奏都有助意義的表達。

浦伯在《論批評》中說：「'T is not enough no harshness gives offence;/The sound must seem an echo to the sense」（不能只滿足於沒有聒耳的噪音，／音與義當如回聲彼此呼應）。他自己說到做到，如諷刺毫無生氣的乏味詩句說：「And ten low words oft creep in one dull line」（常常是十個壓低的詞在沉悶的一行裡爬行）。全句用單音節詞，多長音，唸起來不可能有輕快的節奏，卻正好傳達出沉悶乏味的感覺。更妙是他模擬十二音節的亞歷山大體：「That,like a wounded snake,drags its slow length along」（好像一條受傷的蛇，慢慢拖著它長長的身軀爬去）。這句特長，且多長元音，形、音、義配合，諷刺亞歷山大體詩句之拖泥帶水，恰到好處。彌爾頓寫魔鬼化爲蛇誘惑夏娃，有句云：「So talked the spirited sly Snake」（受撒旦附身善辯的蛇煞有介事地說）。這句連用幾個S音，好像蛇吐露長舌，發出嘶嘶聲響。這些都是音義配合協調的好例子。

再談詩中詞句的重複

作爲修辭手法，重複在詩中很常見。押韻就是音韻的重複，可以使人注意詩各行語言之間的聯繫。歌行體結尾往往有詞句重複，曹操《步出夏門行》各章，如「東臨碣石，以觀滄海」，「神龜雖壽，猶有竟時」等等，都以「幸甚至哉，歌以詠志」作結。這與合樂演唱的需要有關，《詩經》裡這樣的例子更是舉不勝舉。在西方歌謠裡，這叫refrain，即每節末尾重複的詞句。如法國十五世紀詩人維雍（François Villon）《被絞死者之歌》（*Ballade des pendus*）以早被處死、吊在絞架上幾個罪犯骷髏的口氣，告訴世人不要仇恨或取笑他們，因爲大家都是人，是兄弟（Frères humains），其重複出現的結句要人們禱告：「Mais priez Dieu que tous nous veuille absoudre!」（祈禱上帝饒恕我們大家！）

當然，不只歌謠體作品才有重複。彌爾頓《失樂園》第四部寫夏娃回憶初被上帝造出來後，懵然不知自己是誰。她走到一片湖邊，在水中看見自己的倒影：「As I bent down to look,just opposite,/A Shape within the wat'ry gleam appear'd/Bending to look on me,I started back,/It started back,but pleas'd I soon return'd,/Pleas'd it return'd as soon with answering looks/Of sympathy and love」（我俯身去看，正對著／閃亮的水中有一個形影／在俯身看我，我驚訝後退，／它也驚退，但當我欣喜地回來，／它也同樣欣喜回來，並報我／以同情和愛憐之意）。這段文字的重複便是詩人的巧妙安排，重複的詞句本身正體現夏娃與水中倒影的關係，一正一反，一實一虛，如形照影，上下呼應，使人可以生動想見夏娃在湖濱的情景。又《失樂園》第七部開頭，詩人自述當時身處王政復辟後險惡的政治環境，有句云：「though fall'n on evil days,/On evil days though fall'n,and evil tongues」（雖落在邪惡的日子，／雖在邪惡的日子陷落，更有惡言中傷）。這裡重複使用同樣詞句，但在語序上顛倒，修辭學上稱爲antimetabole，既反覆強調，又能變化有致，是詩中常用的手法。懂得這類修辭法，便能增加我們閱讀文學作品的興致和樂趣。

迴文與連環

《詩人玉屑》說迴文詩是「倒讀亦成詩也」，並以蘇東坡《題金山寺》爲例：「潮隨暗浪雪山傾，遠浦漁舟釣月明。橋對寺門松徑小，巷當泉眼石波清。迢迢遠樹江天曉，藹藹紅霞晚日晴。遙望四山雲接水，碧峰千點數鷗輕。」此詩倒讀即另成一首：「輕鷗數點千峰碧，水接雲山四望遙。……明月釣舟漁浦遠，傾山雪浪暗隨潮。」從魏晉時代蘇蕙《璇璣圖》以來，中國歷代都有迴文詩，其中一體爲連環，上下各句有詞句重複呼應。再以東坡《賞花》爲例：「賞花歸去馬如飛，去馬如飛酒力微。酒力微醒時已暮，醒時已暮賞花歸。」

西方由於文字語法不同，沒有順來倒去都可讀的迴文詩，但有類似東坡《賞花》這樣的連環詩。如法國詩人繆塞（Alfred de Musset）作《歌》（*Chanson*）：「A Saint-Blaise,à la Zuecca,/Vous étiez,vous étiez bien aise/A Saint-Blaise,à la Zuecca,/Nous étions bien là./Mais de vous en souvenir/Prendrez-vous la peine?/ Mais de vous en souvenir/Et d'y revenir,/ A Saint-Blaise,à la Zuecca,/Dans les prés fleuris cueillir la verveine,/ A Saint-Blaise,à la Zuecca,/Vivre et mourir là」（在聖布萊，在茹厄卡，你曾覺得，覺得那麼舒適，在聖布萊，在茹厄卡，我們是那麼愉快。但你可願意，再去回想？但你可願回想，再回到那方，在聖布萊，在茹厄卡，在綠茵中採摘花草，在聖布萊，在茹厄卡，在那裡終老！）英國詩人赫伯特（George Herbert）作《花環》（*A Wreath*），略謂將誠心獻上花環，並望受此花環者之純樸可使他改變各種惡習，復歸於正道。詩人用連環詞句，巧妙織成詩之花環：「A wreathed garland of deserved praise,/Of praise deserved,unto thee I give,/I give to thee,who knowest all my wayes,/My crooked winding wayes,wherein I live,/Wherein I die,not live:for life is straight,/Straight as a line,and ever tends to thee,/To thee,who art more farre above deceit,/Then deceit seems above simplicitie./Give me simplicitie,that I may live,/So live and like,that I may know thy wayes,/Know them and practise them:then shall I give/For this poore wreath,give thee a crown of praise。

中西文學中這種迴文連環式作品，表現出詩人對詩歌語言的熱愛、成熟的技巧，以及對完美形式的追求，值得我們欣賞玩味。

對仗和排比

詩歌語言的特點是整齊勻稱，這在中國的詩文尤其突出。王勃《滕王閣序》名句：「落霞與孤鶩齊飛，秋水共長天一色。漁舟唱晚，響窮彭蠡之濱。雁陣驚寒，聲斷衡陽之浦。」上下兩句字字對稱，不僅有獨特的音韻美，而且每字在詞性和含義上，也一一對應，十分整齊。從漢賦到六朝駢文，對偶句成爲主流。到唐代的律詩，八句四聯，中間兩聯更講究對仗，即同一聯出句和對句在平仄、詞性、含義各方面都嚴格相對。如杜甫《春望》中兩聯：「感時花濺淚，恨別鳥驚心。烽火連三月，家書抵萬金。」又《登高》兩聯：「無邊落木蕭蕭下，不盡長江滾滾來。萬里悲秋常作客，百年老病獨登台。」這樣的例子舉不勝舉，對偶句在中國古典詩文中眞是俯拾即是。

西方沒有中國文學那樣嚴密的對仗，但對偶句在詩文中仍很常見並起重要作用。《聖經》文體就有對偶句式的特點。如《詩篇》第七十四首：「白晝屬你，黑夜也屬你。亮光和日頭是你所預備的，地的一切疆界是你所立的。夏天和冬天是你所定的。」又《傳道書》第三章：「凡事都有定期，天下萬物都有定時。生有時，死有時。栽種有時，拔出所栽種的也有時。殺戮有時，醫治有時。拆毀有時，建造有時。」如此等等，用了一連串的對偶句。其他作品中對偶排比的例子，也還有很多。《文心雕龍．麗辭》：「造化賦形，支體必雙，神理爲用，事不孤立。」這是說世間事物往往互相關聯，「高下相須，自然成對」。《易．繫辭》上：「一陰一陽之謂道」，也講出天下萬物相輔相成的辯證之理。事物如此，人的思維和語言也必然合乎這一道理。二項對比（binary opposition）如陰陽、剛柔、寒熱、深淺、內外等等，是我們思考和理解事物不可或缺的基本方式，詩文注重對偶和排比，其根源也就在此。

詩人的特許權

詩爲了押韻合律，有別於散文和日常用語，有時會用特別的詞彙，會違反文法規則，甚至不符邏輯常理。孟子早說：「說詩者，不以文害辭，不以辭害志。以意逆志，斯爲得之。」並舉《雲漢》之詩爲例，「周餘黎民，靡有孑遺」，說這是詩人誇張渲染，讀者不可按字面直解，以爲周朝的百姓全死光了。這豈不是承認詩人在語言表達方面，有某種特權嗎？杜甫《秋興八首》之八：「香稻啄餘鸚鵡粒，碧梧棲老鳳凰枝。」按常理，應是鸚鵡啄餘香稻粒，鳳凰棲老碧梧枝。杜甫倒過來說，贏得一片贊賞。沈括《夢溪筆談》舉韓愈「春與猿吟兮秋鶴與飛」，以及《楚辭》「吉日兮辰良」，「蕙餚蒸兮蘭藉」等句，和這兩句杜詩相比，說這種倒裝在詩裡很常見：「蓋欲相錯成文，則語勢矯健耳。」《詩人玉屑》記王安石替人把「日斜奏罷長楊賦，閑拂塵埃看畫牆」句，將語序顛倒過來，改作「奏賦長楊罷」，而且說：「詩家語，如此乃健。」可見在詩人看來，詩家語就該不按常理，不從文法，方能新穎特出。

詩的語言可以在文法上放寬，英語稱之爲詩人的特許權（poetic license）。蒲伯（Alexander

Pope）《論批評》有句云：「Something,whose truth convinced at sight we find,/That gives us back the image of our mind」（我們初一見就深信不疑，／與我們心中的意象完全默契）。上句按文法應爲「Something of whose truth we find ourselves convinced at first sight」，但爲使find和下句mind押韻，便把語序顚倒，這在西方詩裡是常見的現象。和上面所引中國詩的例子一樣，詞序倒裝合於格律，恰好使詩的語言區別於散文和口語。法國詩人瓦勒利（Paul Valéry）嘗言，詩「不合一般用法」（C'est bien le non-usage），乃「語言中的語言」（C'est un langage dans un langage），正是強調詩有整齊勻稱的格律，不同於日常用語。也正是在這個意義上，我們可以說詩或文學乃是語言的藝術。

詩中用典

詩文用典故，這種做法顯出對傳統和前輩作者的尊重，也隱含著強烈的歷史感。作者善用典，讀者善解典故，這說明大家有大致相同的文化和教育背景，有共同的知識基礎，也增加用典的吸引力。隨便舉一例：《莊子．逍遙遊》描繪姑射山的「神人」，其「肌膚若冰雪，綽約若處子」。白居易《長恨歌》用此句來描寫成爲仙女的楊貴妃：「樓閣玲瓏五雲起，其中綽約多仙子。中有一人字太眞，雪膚花貌參差是。」王安石詠梅花，既用《莊子》此句，又兼及白居易《長恨歌》：「肌冰綽約如姑射，膚雪參差是玉眞。」蘇東坡《洞仙歌》描寫花蕊夫人：「冰肌玉骨，自清涼無汗」，也使人想起上面所引作品。類似例子實在舉不勝舉。

西方詩文有時也用典。華茲華斯Tintern Abbey有句云：「when the fretful stir/Unprofitable,and the fever of the world,/Have hung upon the beatings of my heart」（當令人煩惱／而無益的躁動，世間的熱病，／壓抑著我跳動的心）。這詩句就化用了莎士比亞兩處名句。一爲《哈姆雷特》：「How weary,stale,flat and unprofitable/Seem to me all the uses of this world」（世上一切舉動在我看來／都使人覺得厭倦、陳舊、無聊而且無益）。另一處爲《馬克白》：「After life's fitful fever he sleeps well」（在人生痙攣式的熱病之後，他睡得很香）。華茲華斯另一名句：「The child is father of the Man」（兒童乃成人之父），不僅說每個人都先有童年，然後才有成年，而且成年人性情中最純眞美好的部分，都發源於天眞無邪的童年。這是化用彌爾頓《復樂園》第四部中詩句：「The childhood shews the man,/As morning shews the day」（童年顯示成人，／有如清晨預示白天）。可見華茲華斯雖然強調感情的自然抒發，寫作時也常融化前人詩句，體現其才學和修養。現代派詩人如艾略特等注重傳統，用典就更多。其實無論中西，用典都顯示出文學傳統的豐厚和源遠流長。

詩文煉字

中國詩人多講究煉字。《詩人玉屑》引《唐子西語錄》說「作詩甚苦。悲吟累日，僅能成篇」，雖反覆修改，還是很難使自己和別人滿意。李賀終日苦吟，他母親不禁感嘆道：「是兒必欲嘔出心乃已！」唐子西認爲這話「非過論也。」杜甫很注重作品的完美，自謂「語不驚人死不休」，又說「新詩改罷自長吟」。李白《戲贈杜甫》曾以調侃的筆調寫道：「飯顆山頭逢杜甫，頂戴笠子日卓午。借問別來太瘦生，總爲從前作詩苦。」杜甫寫詩給裴迪，也說「知君思苦緣詩瘦。」做詩而能使人瘦，正說明詩人殫思極慮，一字一句都要花費不少心血，在文字上做功夫。戴復古說得好：「草就篇章只等閑，作詩容易改詩難。玉經雕琢方成器，句要豐腴字要安。」

古羅馬詩人賀拉斯在《詩藝》（*Ars poetica*）裡，告誡年輕作者不要隨便發表幼稚不成熟的作品，而應該把寫好的稿子束之高閣，先擱置九年再說。這話也許有點言過其實，但其意不過是說，要經過反覆推敲，認眞修改之後，作品才站得住。據說莎士比亞天才絕倫，下筆千言，從不塗改一行。他同時代的劇作家瓊生（Ben Jonson）卻說：「但願他塗改過一千行」（Would he had blotted a thousand）。這說明西方詩人同樣注重文字的鍛煉修改，精益求精。法國畫家德加（Edgar Degas）很想寫詩，但總寫不好，便對他的詩人朋友馬拉美（Stéphane Mallarmé）抱怨說：「我總是說不出我想要說的，可是我卻有的是想法。」馬拉美幽默地回答說：「親愛的德加，我們寫詩不是用想法。是用文字。」（Ce n'est point avec des idées,mon cher Degas,que l'on fait des vers.C'est avec des mots）這說明文學固然必須有思想和情感爲內容，但文字表現卻是關鍵。以爲憑一點想法或感受就能寫出好的文學作品，也許是我們不少人美妙的幻想。

人窮而詩工

歐陽修《梅聖俞詩集序》說，世上流傳的好詩「多出於古窮人之辭」。大概詩人須經受苦難，「內有憂思感憤之鬱積」，才寫得出動人的作品。於是他總結說：「非詩之能窮人，殆窮者而後工也。」詩人不會在當世養尊處優，卻必須以窮愁潦倒爲代價，換取後世之不朽。蘇軾《次韻和王鞏》：「謫仙竄夜郎，子美耕東屯。造物豈不惜，要令工語言。」陸游《讀唐人愁詩戲作》：「天恐文人未盡才，常教零落在蒿萊。」都說老天爲了詩人能寫出好詩來，故意要給他們磨難。杜甫《天末懷李白》：「文章憎命達，魑魅喜人過」，不說詩使人窮，卻反過來說文章要好就怕日子過得太順當。「達」是「窮」的反面，而「窮」不僅指貧窮，更指不順當而受各種挫折的遭遇。

德國詩人席勒（Friedrich von Schiller）有《大地的分配》（Die Teilung der Erde）一詩，說大神宙斯叫人類來瓜分世界，工人、農夫、商人、莊園主和國王都各各取走自己的一份。游蕩的詩人從遠方走來，見世界早已分完，空空如也，便向神抱怨說：「你怎麼會唯獨忘記了我，你忠誠的兒子？」（so soll denn ich allein von allen/Vergessen sein,ich,dein getreuster Sohn?）宙斯說，你終日耽於「夢境」（Land der Träume），不問世事，別人瓜分世界的時候，你又在哪裡呢？詩人說他沉浸在神精神的光輝裡，忘記了塵世。宙斯無奈，說我已經沒有東西可以給你，「但你若想到天上與我同住，你隨時可來，天堂之門也總會爲你打開」。（Willst du in meinem Himmel mit mir leben-So oft du kommst,er soll dir offen sein）這不僅說詩能窮人，而且指出詩人之窮與詩之不朽的關係。《聖經》上說，富人要進天堂，比駱駝穿過針眼還難。席勒則說詩人與神同在，詩人的報償因此在於精神之永恆。

靈 感

杜甫《奉贈韋左丞丈二十二韻》自謂「讀書破萬卷，下筆如有神」，用一「如」字說明做詩並非眞有神助，而來源於勤學苦讀。但其《獨酌成詩》又說：「醉裡從爲客，詩成覺有神」。殷璠《河嶽英靈集敘》謂「文有神來、氣來、情來」，說明中國詩人對文思之突如其來，也頗有神秘感。陸機《文賦》：「應感之會，通塞之紀，來不可遏，去不可止。」湯顯祖《合奇序》：「文章之妙，不在步趨形似之間。自然靈氣，恍惚而來，不思而至。怪怪奇奇，莫可名狀，非物尋常得以合之。」謝榛《四溟詩話》：「詩有天機，待時而發，觸物而成。雖幽尋苦索，不易得也。」這都說詩文創作不由人之計算謀劃，而可能突發忽至，妙得天成。

古希臘早有藝術受神靈感發的觀念，即所謂靈感。柏拉圖貶低藝術，認爲詩人作詩是神靈附體，毫未自覺，所以神智不清，近乎瘋狂。莎士比亞《仲夏夜之夢》名句：「The lunatic,the lover,and the poet,/Are of imagination all compact」（瘋子、情人和詩人，都滿頭滿腦充斥著想像），指出激情、想像、瘋狂與詩似乎互相關聯。在浪漫時代，瘋狂近乎天才，而靈感更成爲天才無意識創造之要素。勃萊克（William Blake）就說，他寫長詩《彌爾頓》「from immediate Dictation,twelve or sometimes twenty or thirty lines at a time,without Premeditation and even against my Will」（乃直接聽寫，往往一寫便十二行，有時二十甚至三十行，全無事先謀劃，甚至違反我的本意）。雪萊（P.B.Shelley）名詩《致雲雀》（*To a Skylark*）以雲雀爲詩人象徵，也讚其歌聲自然抒發，毫未事先謀劃（profuse strains of unpremeditated art）。他在《詩辨》中更說：「A man cannot say,『I will compose poetry.』The greatest poet even cannot say it.」（沒有人可以說，「我要寫詩。」就是最偉大的詩人也不能夠這麼說）。這都強調創作之靈感來無影，去無蹤，不受詩人意識控制，與中國詩人所謂「詩成覺有神」、「文有神來」等說法，正可互相參照。

說「詩言志」

《書·舜典》所謂「詩言志」，最早肯定了詩表情達意的功用。《毛詩序》進一步闡發說：「詩者，志之所之也。在心爲志，發言爲詩。情動於中而形於言。」這裡把志與情等同起來，情志通過語言，或者說在語言中表現出來，就成爲詩。《漢書·藝文誌》也解釋說：「哀樂之心感，而歌詠之聲發。」似乎只要心有所感，就可以發言爲詩。司馬遷在《史記·太史公自序》裡說：「詩三百篇，大抵聖賢發憤之所爲作也。此人皆意有所鬱結，不得通其道也，故述往事，思來者。」這把古來一切著作，都說成是情意鬱結再得到抒發的結果。陸機《文賦》：「詩緣情而綺靡」，更特別強調詩的抒情作用。大家都知道，沒有情，就沒有詩和文學。但我們也該知道，有了情，並不等於就有了文學。

這種抒情論似乎接近西方浪漫派的看法。華茲華斯說：「all good poetry is the spontaneous overflow of powerful feelings」（一切好詩都是強烈感情的自然流露）。不過他又說，詩並不是一有所感，開口即成，而來源於「emotion recollected in tranquility」（沉靜中回想起的感情）。現代派詩人反對浪漫派理論，尤其反對詩是感情的自然流露這種觀點。艾略特（T.S.Eliot）說：「Poetry is not a turning loose of emotion,but an escape from emotion;it is not the expression of personality,but an escape from personality」（詩絕非發洩感情，而是逃離感情；絕非表現性格，而是逃離性格）。這有助於打消我們的誤解，以爲只要感情豐富，張口就可做出詩來。我們於是認識到，文學創作不僅要有眞情實感，更需要豐厚的文化修養，需要駕馭語言文字的能力，需要藝術的才能和技巧。

人都有情志，但僅憑一點感受是寫不出詩來的。《詩人玉屑》載陵陽謂詩本於讀書，就說得很有道理：「近年人家子弟，往往持其小有才，更不肯讀書，但要作詩到古人地位；殊不知古人未有不讀書者。大可憫嘆耳！」

詩和歷史

亞理士多德《詩學》比較詩和歷史，認爲歷史敘述已經發生的事，詩則摹仿按必然律或概然律可能發生的事，歷史紀錄事物的實況和現象，詩則揭示事物的本質，所以他認爲「詩比歷史更帶哲理，更嚴肅；詩往往講述具普遍性的事物，歷史則講述個別的事物」。柏拉圖曾以詩爲虛構而貶低其意義，亞氏此說後來就成爲爲詩辯護一個極爲有力的證據。

有些研究中國文學的漢學家認爲中國詩沒有虛構，都是眞實生活和詩人經驗的實錄，所以也沒有字面以外的諷喻意義，西方詩則是想像的虛構，有超越性的精神和諷喻意義。這幾乎把中國詩看成亞理士多德理解的歷史，而只有西方詩才帶有哲理，具普遍意義。

然而這種看法並不符合中國文學和歷史的實際。《孟子・萬章上》講到讀詩，要人「不以文害辭，不以辭害志」，指出文學的誇張不能依字面直解。然而《盡心下》講到讀史，《尚書・武成》篇記武王伐紂，有殺人多到血流飄杵的話，孟子卻不接受這樣的誇張，並說「盡信書，則不如無書」。可見孟子已明確區分詩和歷史，認爲詩可以誇張，歷史的敘述卻必須可靠，不能言過其實。《老子》早說：「信言不美，美言不信」，指出美好的話和眞實可靠的話不同。王充著《論衡》，反對「衆書並失實，虛妄之言勝眞美」，要「詮輕重之言，立眞僞之平」。但他卻有《藝增》一篇，特別指出聖人經典的語言也不免「出溢增過其實」，所以從「藝」的角度看來，不過分的誇張是完全允許的，和流言蜚語有明確區別，所謂「經藝之增與傳語異也」。這些例子都證明，中國古人已明確區分文學和歷史敘述，而其分別就在美和眞，虛構與實錄。

悲劇意識

有不少學者指出，亞理士多德在《詩學》中討論的悲劇，在中國、印度等東方國家的文學傳統裡並不存在。西方悲劇摹仿現實，並不忌諱現實中的災難痛苦，而東方文學注重倫理教化，哪怕戲裡有悲痛可哀的情節，結尾也大多是皆大歡喜的大團圓。這種看法大致不錯，因爲就形式而言，中國傳統戲曲確實沒有西方那種悲劇。但這並不等於東方人沒有悲劇的感受或悲劇意識。

悲劇一個重要特點是悲劇人物並非完美無缺，如伊底帕斯殺父娶母，造成悲劇結局。但他不是殺人越貨的罪犯，不是壞人，卻比一般人更高尚，有更偉大的胸襟和魄力，他犯過失也絕非有意，而完全是命運作弄。正由於他既比一般人崇高，又遭逢可怕的命運，遠甚於一般人生活中的痛楚，我們才會既同情他，又深感人之局限和悲慘命運之可怕。所謂悲劇感，就正是對人之崇高和局限兩方面的辯證認識。亞理士多德所謂悲劇人物的過失（hamartia）因此不能從道德意義上理解，好像悲劇之所以發生，都是悲劇人物的過錯，咎由自取，罪有應得。悲劇人物往往處在高位，身不由己，所以悲劇有外在環境的因素。加拿大批評家弗萊論及此點，形象地說：「大樹比草叢更容易被閃電擊中」（great trees more likely to be struck by lightning than a clump of grass）。中國俗語「樹大招風」和西方關於橡樹和蘆葦的寓言，都表達了同樣觀念。三國時李康《運命論》：「故木秀於林，風必摧之；堆出於岸，流必湍之；行高於人，衆必非之」，便道出身處高位與悲劇命運的關係。曹植

《野田黃雀行》：「高樹多悲風，海水揚其波。利劍不在掌，結友何須多？」他因爲受哥哥魏文帝曹丕猜忌，憂鬱不得志，親近的朋友都被翦除，有感而發，詩裡也用了樹大招風的比喻。這當中表現出的抑鬱悲憤和無可奈何，就正是一種悲劇意識。

禍福相倚

索福克勒斯（Sophocles）《伊底帕斯王》（*Oedipus Tyrannus*）也許是最著名的希臘悲劇。伊底帕斯一心想伸張正義，找出殺死國王拉伊俄斯（Laius）的凶手，追查結果，發現自己不僅就是那在逃的凶犯，而且所殺者乃其父，所娶者乃其母。更可悲者，他前此所做的一切，正是爲躲避殺父娶母的可怕宿命，卻不料無意中一步步走向命定的結局。此劇結尾合唱道出人生無常，禍福相倚的哲理，說伊底帕斯曾猜破怪獸斯芬克斯（Sphinx）之謎，集智慧與權力於一身，轉瞬之間卻發現自己罪孽深重，爲世間最可悲可憐之人。劇終最後一句話：「一個人未死之前，只要尚未最後擺脫痛苦，就不能說他幸福」，的確使人深感命運不可捉摸，窮通之途不由人控制。

亞理士多德說，詩通過個別表現一般，所以神話人物雖不同常人，其遭遇離奇，也非一般經歷，但其故事卻具普遍性。我們看伊底帕斯的悲劇，不會覺得與我無關，因而無動於衷，卻會產生憐憫和恐懼，引發對人生哲理的思考。禍福相倚，命運無常，這是希臘悲劇明確的主題之一，所以希臘悲劇也常被人稱爲「命運悲劇」。《老子》五十八章：「禍兮，福之所倚；福兮，禍之所伏」，講的正是同樣道理。第二章早說不僅禍福，而且天下事物無不相輔相成：「有無相生，難易相成，長短相形，高下相盈，音聲相和，前後相隨，恒也。」《詩．小雅．十月之交》：「百川沸騰，山冢崒崩，高岸爲谷，深谷爲陵，」以山川谷岸的變化，講出盈虛盛衰的辯證之理。劉禹錫《烏衣巷》：「朱雀橋邊野草花，烏衣巷口夕陽斜。舊時王謝堂前燕，飛入尋常百姓家。」此詩歷來被人傳誦，認爲道盡了由繁華金粉轉而爲破敗衰落的淒涼。這固然不同於希臘悲劇，但在低徊含蓄之中，也同樣表達了盛衰交替、禍福相倚之理。

說「鑑」

文言所謂鑑，就是鏡子。《詩．柏舟》：「我心匪鑑，不可以茹」，是說我的心不是鏡子，不能照見一切。照鏡子可以看清人的面貌，所以鑑引申出辨認、考察等義。白居易《百煉鏡》：「太宗常以人爲鏡，鑑古鑑今不鑑容」，就以鏡爲喻，用鑑的引申義。《詩．蕩》：「殷鑑不遠，在夏後之世」，鄭玄箋：「此言殷之明鏡不遠也，近在夏後之世。謂湯誅桀也，後武王誅紂。今之王者，何以不用爲戒。」是說歷史好比一面鏡子，可以審人度己，從中吸取教訓。白居易《隋堤柳》以隋煬帝耗竭民力修運河，導致隋之衰亡爲例，說「後王何以鑑前王？請看隋堤亡國樹！」司馬光編纂史書，名爲《資治通鑑》，意即歷史可爲吏治提供一面鏡子。巧得很，英國十七世紀初有尼柯爾斯（Richard Niccols）著史書，題爲*Mirrour for Magistrates*，用語和意思都與《資治通鑑》契合。

其實中世紀歐洲有許多書都以拉丁文speculum即鑑字爲名，如十三世紀Vincent of Beauvais著有一部百科全書，就名爲*Speculum naturale,historiale,doctrinale*，即《自然、歷史、教義之鏡》。

歷史可以爲鑑，藝術亦如是。郭思《畫論》：「古人必以聖賢形像，往昔事實，含毫命素，製爲圖畫者，要在指鑒賢愚，發明治亂。」柏拉圖說藝術家表現事物，就像翻轉鏡子，只反映事物表面。他本意貶低藝術，卻也開創了西方把藝術摹仿與鏡子相比的傳統。哈姆雷特對一幫演員說，表演不要太誇張，因爲「playing,whose end,both at the first and now,was and is,to hold as 'twere the mirror up to nature:to show virtue her feature,scorn her own image,and the very age and body of the time his form and pressure」（戲劇的目的從來像是對自然舉起一面鏡子：使美德看見自己的容貌，讓醜惡知道自己的嘴臉，更爲當世衆人顯露世態人情的眞相）。可見鑑或鏡子以其明淨和映物的特性，常常成爲我們推究哲思心理，或論文談藝的一個重要比喻。

文學的魅力

《紅樓夢》是一部極有吸引力的小說，讀來叫人愛不釋手。第二十三回「西廂記妙詞通戲語，牡丹亭艷曲警芳心」，是在文學作品本身寫文學的吸引力。寶玉偷讀《西廂記》，黛玉發現了，接過來「從頭看去，越看越愛看」，看完後還「自覺詞藻警人，餘香滿口」。寶玉自比《西廂記》裡的張生，把黛玉比爲鶯鶯，雖然黛玉罵他「胡說」，怪他「欺負」人，但她後來經過梨香院，聽到排演《牡丹亭》所唱「則爲你如花美眷，似水流年」，「你在幽閨自憐」等句，卻「不覺心動神搖」，「如醉如癡」，足見已深受這兩部作品感染。

西方文學裡也有許多著名例子。義大利詩人但丁在《神曲．地獄篇》第五章結尾，描寫里米尼的弗蘭切絲卡和情人保羅共讀騎士蘭斯洛特的愛情故事，受感觸而動情親吻。那是文學作品中寫文學感染力很有名的一段，但丁本人又是《神曲》裡的一個人物，他聽弗蘭切絲卡講完她悲慘的遭遇，竟感動得昏過去：「我哀傷不已，／剎那間像死去的人，昏迷不醒，／然後像一具死屍倒臥在地」（黃國彬先生譯文）。柴柯夫斯基等好幾位音樂家都曾以此爲題材，寫出十分動人的樂曲。另外，莎劇《哈姆雷特》中有劇中之劇。一位演員朗誦講特洛伊戰爭的古希臘悲劇，爲特洛伊王后赫邱芭的遭遇感慨流涕。哈姆雷特見此不禁感嘆道：What's Hercuba to him,or he to Hecuba, ／That he should weep for her?（赫邱芭與他何涉，他又與赫邱芭何干，／而他卻要爲她流淚？）這句話很能代表文學藝術超越時空的感染力量。同樣，我們可以想想，我們與哈姆雷特又有什麼關係，爲什麼我們會被他的悲劇感動，爲他流淚呢？

說寓言

寓言顧名思義，是有寄寓之言。莊子自謂其著作「寓言十九」，即十分之九都是話中有話，表面看來是些「謬悠之說，荒唐之言」，實際上卻有深刻含意。他用其大無比的鯤鵬和渺小的蜩與學鳩來比喻見識和精神境界的差別，用庖丁解牛的故事來描繪技藝精湛到自然忘我的程度，處處都用具體形象來說明抽象的哲理。《應帝王》篇結尾也是一則寓言，說南海帝儵和北海帝忽常常得中央之帝渾沌善待，他們想報答渾沌的好意，決定讓他像人一樣有七竅「以視聽食息」。他們好心給渾沌開竅，卻不料「日鑿一竅，七日而渾沌死」。這個寓言表現道家重自然而反對人爲的思想，給人深刻的印象。

西方文學中有寄寓的小故事稱fable，中譯爲寓言，其中以古希臘的伊索寓言最爲著名，法國十七世紀作家拉芳丹（Jean de La Fontaine）的寓言，也相當有名。伊索寓言中，如狐狸吃不到葡萄，就說葡萄酸；狼披上羊皮，就能騙食更多的羊；父子兩人牽一頭毛驢上市場，無論騎或不騎，無論一人騎或兩人騎，總引起別人指責；這些都是膾炙人口的寓言，而且每則都能發人深省，給人教益。拉芳丹作品不少是據伊索寓言改寫，但以其詩句詼諧優美，至今仍受讀者喜愛。如橡樹和蘆葦的寓言，早見於伊索，但拉芳丹的改作也很成功。橡樹以其高大而可憐蘆葦之渺小，但謙卑的蘆葦卻說：「我雖彎腰，卻不會折斷」（Je plie,et ne romps pas）。不久風暴來臨，果然橡樹被擊倒，蘆葦卻安然無損。這與中文成語樹大招風，意義正相暗合。

寓言往往簡練生動，讀後令人難以忘懷，所以能通過文學手段有效地傳達一種道理。誰能說寓言只是兒童讀物，其中包含的智慧，成人無須領會呢？

文學與經典

西方爲詩辯護的傳統，往往把詩和《聖經》裡帶有文學色彩的篇章相聯繫。錫德尼《爲詩辯護》就說，詩首先是「模仿上帝不可思議的卓越」(imitate the inconceivable excellencies of God)，並舉大衛王所作《詩篇》、所羅門王《雅歌》、《傳道書》、《箴言》等爲例。在信徒們心中，《聖經》是神說的話，用詩去攀附《聖經》，就把文學抬高到經典的地位。但丁獻《神曲·天堂篇》給斯卡拉大公寫的一封信，就說他的詩像《聖經》一樣，有四層意義，並舉《詩篇》第一百一十四首爲例，說明如何理解作品字面之外諷喻和精神的意義。但丁能把自己的作品與《聖經》相比，表明詩已經有崇高的地位，而那正是文藝復興時代來臨的徵兆。自那時以來，荷馬、但丁、莎士比亞、歌德等大詩人的作品就成爲西方的文學經典。

中國沒有基督教《聖經》那樣的宗教經典，但儒家經典在中國文化中有相似的地位和作用，其中《詩經》更成爲詩人們借重的典範。爲了抬高文學的地位，論者往往把詩文與道或天地聯繫在一起。劉勰《文心雕龍·原道》就說文「與天地並生」，又說「道沿聖以垂文，聖因文而明道」。《宗經》篇又說經書可以「洞性靈之奧區，極文章之骨髓」。但《文心雕龍》注重的是文，把文與天地和經典相聯繫，最終是爲了強調文的重要。清初金聖嘆把《水滸》和《西廂記》與《莊子》、《離騷》、《史記》、杜詩並列爲「六才子書」，也是同樣手法，使傳統中不受重視的小說和戲曲，上升到文學經典的地位。屈原《離騷》早在漢代就有人稱之爲經，洪興祖《補注》指出，這是「後世之士祖述其詞，尊之爲經耳」，也就是把文學抬高到經典的地位。可見無論在中國或在西方，以文學去攀附宗教或非宗教的經典，都是肯定文學價值的一種手段。

什麼是文學經典？

劉勰《文心雕龍．宗經》：「經也者，恆久之至道，不刊之鴻教也」，認爲經典包含永恆的眞理，因而能超越時空而有永久的生命力。在現代社會，文學無須攀附《聖經》或儒家經典，但文學的經典也必須表現人生哲理，方能超越時空局限，打動不同時代不同地方的讀者。十九世紀法國著名批評家聖勃甫（Sainte-Beuve）曾給經典下定義，認爲經典必須能豐富人的頭腦和精神，使人接近道德的眞理，其表現形式宏大精美，既獨特又具普遍性，可以爲任何時代的人欣賞。可見偉大的經典必有深刻而合乎眞與善的內容，又必有美的表現形式，更須經過時間的檢驗，才可能長存久遠。

當代德國哲學家伽達默（H.G.Gadamer）對經典有十分精闢的論述，認爲經典「超越時代和趣味之起伏變化」，代表傳統中具有規範性的價值。這類價值不會受一時風氣的影響，所以經典是「無時間性的」（timeless），然而這種「無時間性」本身又是一種「歷史的存在」。這就是說，我們對經典作品的欣賞乃是一種直接的藝術鑑賞經驗。我們的興趣不是歷史的，而是審美的，是此時此刻的體驗，在審美關照中直接感受作品震撼人心的力量。這就是伽達默所謂文藝作品的「同時性」

（Gleichzeitigkeit, contemporaneity）。我們可以用李白《把酒問月》詩裡的幾句，來說明這審美經驗的「同時性」觀念：「今人不見古時月，今月曾經照古人。古人今人若流水，共看明月皆如此。」看月的人隨古今而不同，明月卻是永恆的，而且在看月的一刻，古今之間似乎得到一種超越時空的聯繫。這幾句詩講到時間的流逝，古今的變化，也講到古人今人的聯繫，講到永恆。通過這形象的語言，我們也許可以體會到經典之爲經典的道理。

信言不美

中國文論一面講詩言志，言爲心聲，好像語言一定表達眞情實感，另一面又強調正名，要名實相符，說明早意識到言辭不一定可靠，有欺詐的可能。孔子說：「有德者必有言，有言者不必有德」，就講出了互相矛盾的兩面。老子說：「信言不美，美言不信」，更明確把可靠的話和好聽的話區別開。文學當然是美言，而且是想像的虛構，所以確實可以說「美言不信」。文學的虛構不等於欺騙，但道學家鄙薄詩文，認爲文章寫得漂亮就很可疑。就連思想很符合儒家正統的杜甫，也因爲詩中有「穿花蛺蝶深深見，點水蜻蜓款款飛」，便受到程頤指責，說「如此閑言語，道出做甚？」文人們往往自己就瞧不起自己。揚雄是漢賦一大作家，卻說那是「壯夫不爲」的雕蟲小技，後來曹植給楊修寫信，就引用楊家這位祖先的話，說「辭賦小道」不足以「揄揚大義，彰示來世」。弄得楊修不得不反駁，說他「述鄙宗之過言，竊以爲未之思也」，就是說曹植把話說過了頭，有欠考慮。

在西方傳統中，柏拉圖認爲詩模仿本來就是虛幻的現象世界，現象世界則模仿唯一眞實的理念世界，所以詩是模仿之模仿，與眞實相隔三層。而且詩只激勵人的感情，無助於理性，所以柏拉圖要把詩人驅逐出他所設想的理想國。柏拉圖對詩的攻擊在西方傳統中影響深遠，而認爲詩不眞實，於實際生活無補，就很接近於「美言不信」的看法。所以無論東方或西方，文學都常處在邊緣地位。過去壓抑文學的或者是宗教，或者是政治和道德，而在現代，則恐怕是經濟和商業，或者說是只講實用和功利的心態。然而沒有詩和美，沒有想像和精神價値，那樣的人生又有多少價値呢？

人生如寄

把人生比爲旅程，在東西文學裡都很常見。但丁《神曲》開篇說：「在人生旅途的中程，我迷失在一片幽暗的密林裡。」莎士比亞悲劇《馬克白》有句云：「And all our yesterdays have lighted fools/The way to dusty death」（我們所有的昨天都爲愚人們／照亮了復歸塵土的死亡之路）。宗教家更常以行旅取譬，象徵精神追求的歷程。《聖經》多有這樣的比喻，奧古斯丁《上帝之城》和班揚（John Banyan）《天路歷程》（*The Pilgrim's Progress*），也都把人生的精神追求比爲旅途。詩人屈萊頓（John Dryden）有句云：「Like pilgrims to th' appointed place we tend;/The world's an inn,and death the journey's end」（我們像朝聖的香客趕路前行，／世界爲逆旅，死亡爲終程），不僅把生死視爲人生旅途的起點和終點，而且以世界爲人所暫住的客棧。

李白《擬古十二首》之九：「生者爲過客，死者爲歸人。天地一逆旅，同悲萬古塵」，用意和詞句都與屈萊頓詩句十分契合。其《春夜宴從弟桃花園序》也用同樣的比喻和意象：「夫天地者，萬物之逆旅也；光陰者，百代之過客也。而浮生若夢，爲歡幾何？古人秉燭夜遊，良有以也。」類似比喻在李白之前，早見於《古詩十九首》之三：「人生天地間，忽如遠行客」，又十三：「人生忽如寄，壽無金石固」，都視人生爲客居，「如寄」兩字更突出其臨時短暫。陶潛《榮木》：「人生若寄，憔悴有時」。《雜詩八首》之七：「家爲逆旅舍，我如當去客；去去欲何之？南山有舊宅」，不僅比家爲旅舍，以己爲過客，而且「舊宅」指墳塋，所以最後的歸宿是死亡，而死是在完成人生旅途後，最終回到家裡。莎士比亞《辛白林》有一歌，略謂人死後復歸塵土，不再怕寒暑煎熬，好似做完工作，回家休息：「Fear no more the heat o' th' sun/Nor the furious winter's rages;/Thou thy worldly task has done,/Home art gone,and ta'en thy wages./Golden lads and girls all must,/As chimney-sweepers,come to dust.」此與陶詩可以互相參照，都講出了對生死一種寧靜的省悟。

人生如夢

蘇東坡《念奴嬌》名句：「人生如夢，一樽還酹江月。」人生和夢本是兩回事，說人生如夢，就把本不相同的說成相同，突出二者重合的部分，揭示其間爲我們所忽略或未清楚認識的聯繫。在本不相干的事物間看出聯繫，並用形象的語言把這種聯繫表述出來，這就是比喻的作用。亞理士多德曾指出，這種觀察能力不是從旁人學得來的，因此是天才的標誌。

一篇作品比喻愈豐富，愈巧妙，也就愈有文學意味。在先秦諸子中，《莊子》的比喻層出不窮，也最具文學性。《齊物論》結尾莊周夢蝶一段，比東坡「人生如夢」更耐人尋味。說「如夢」還保持了現實與夢幻的界限，而莊子「不知周之夢爲胡蝶與，胡蝶之夢爲周與」，就更進一步質疑現實和夢幻的分別，匪夷所思，也更發人深省。英國詩人濟慈（John Keats）在《夜鶯頌》結尾，也對夢境與現實、清醒與睡眠的分界，表示難以區分（Was it a vision,or a waking dream?/Fled is that music-do I wake or sleep?），在精神上庶幾近之。

人生如夢是常見的比喻，不同作者依其才情高下，可以做出各種變化。陶潛《歸園田居》之四：「人生似幻化，終當歸空無。」《飲酒》之八：「吾生夢幻間，何事紲塵羈？」李白《擬古十二首》之三：「石火無留光，還如世中人。即事已如夢，後來我誰身？」都著重人生的空幻如夢。莎士比亞《暴風雨》名句：「We are such stuff/As dreams are made on,and our little life/Is rounded with a sleep」（我們都是夢的材料，我們短暫的生命都環繞在昏睡之中），用意也大致相同。美國詩人朗費羅（H.W.Longfellow）在《人生頌》中則反其意而唱出樂觀的歌：「Tell me not,in mournful numbers,/Life is but an empty dream!」（不要用哀傷的調子對我說，人生只是一場空虛的夢！）究竟人生如夢，還是人生並非虛妄？也許詩人看到不同方面，二者各有其理由罷。

經典與諷喻

獨立的審美態度在文化發展中是比較晚近的事，而在古代，宗教和道德往往是價值判斷的標準。孔子對詩三百總的評價，是「一言以蔽之，曰：思無邪。」漢儒把《詩經》全部解釋成美刺諷諫，完全爲政治倫理服務，所謂「經夫婦，成孝敬，厚人倫，美教化，移風俗」。

對於遠古的希臘人，荷馬史詩也並非文學，而是宗教經典，是道德和行爲的準則。然而荷馬描繪的諸神不僅像人一樣具七情六欲，而且鉤心鬥角，爾虞我詐，在特洛伊戰爭中分爲兩派，分別幫助交戰雙方的人類。於是有人質疑荷馬的教化作用，形成古希臘所謂詩與哲學之爭，柏拉圖的《理想國》就主張把詩人逐出門外。但自公元前六世紀始，就有哲學家提出荷馬史詩乃是諷喻（allegory），即字面在此，眞實含義卻在彼。這種諷喻解釋確保荷馬的經典地位，但也把詩的本文變成隱藏深奧哲理的虛構。後來猶太人和基督徒都採用諷喻解釋去論證《聖經》的深義，尤其在經文與教義不符時，更彌縫使之吻合，從而保證經文的權威性。如《雅歌》實在是第一流的情詩，其中描繪少女體態之美，情色濃艷，十分誘人。有人懷疑《雅歌》是否宜歸入《聖經》，諷喻解釋則說《雅歌》所寫並非男女之愛，而是上帝與以色列之愛，或基督與教會之愛，所以有更高的精神意義。同樣，《詩經》開篇「窈窕淑女，君子好逑」，男子得不到所愛而朝思暮想，不能成寐，「悠哉悠哉，輾轉反側」。這本是一首情詩，漢儒卻說是寫「后妃之德」，「憂在進賢」，把它變成道德的說教。

我們今天會覺得這種解釋牽強附會，但與西方的諷喻解釋相比照就可以明白，這在古代是使經典之爲經典唯一的途徑。然而解釋可以不斷變化，經典的本文卻永遠留存，爲我們進一步理解保留著闡釋的空間。

故鄉的觀念

大概人人都有故鄉的觀念，都有濃鬱的鄉情。王維《雜詩》：「君自故鄉來，應知故鄉事。來日綺窗前，寒梅著花未？」便最能傳達遊子思鄉之情。古詩裡思鄉懷人之作很多，然而思鄉的前提是離鄉，羈旅之中才倍感故鄉親人的溫暖可愛。還是王維說得好：「獨在異鄉爲異客，每逢佳節倍思親。」

中國古人又主張讀萬卷書，行萬里路，見多識廣。《莊子·秋水》說河伯見江河水漲，便「欣然自喜，以天下之美爲盡在己」。等他順流而東，面對浩瀚的大海時，才望洋興嘆，羞愧不已。海神對他說：「井蛙不可以語於海者，拘於虛也；夏蟲不可以語於冰者，篤於時也；曲士不可以語於道者，束於教也。」成語「井底之蛙」就來源於此。井蛙當然不懂什麼叫大海，在夏天生也在夏天死去的小蟲，當然不知道什麼是冰雪，鄉下的冬烘先生，也無法談論大道。這些都是說一輩子囿於一處地方，就必定孤陋寡聞，閉塞淺薄。中世紀哲人Hugh of St. Victor早說過：「以爲故鄉可愛者只算得初出茅廬的新手，以四海為家者則較強，而把全世界視為異國者才完美無缺。」在現代開放社會，交通和信息通訊都越來越便利，我們更該有世界的眼光，我們心中家鄉的觀念也該相應擴大。

蘇軾《定風波》詞有句云：「此心安處是吾鄉」，我以為恰可以借用來說明現代人的故鄉觀念。東坡這首詞是為友人的愛妾所寫。她是北方人，隨東坡這位朋友久住嶺南，東坡問她，嶺南風土大概不好罷？她卻回答說，「此心安處便是吾鄉」。彌爾頓《失樂園》結尾寫亞當和夏娃因偷食禁果被逐出伊甸園時，天使邁克爾安慰夏娃說，你不必太悲傷，因為你丈夫總會和你在一起，使你不感到孤獨：「Where he abides,think there thy native soil」（XI.292）。此話不是正可以移為蘇詞作注嗎？

時代和文學趣味的變遷

文學作品成為經典，必須得到不同時代眾多讀者的承認和欣賞，所以時間的因素很重要。未經過披沙揀金、長時間的淘汰過程，便很難斷定一部作品能否超越一時風氣，成為真正的經典。這當中的決定因素，是文化傳統一些基本價值和趣味標準的形成。例如陶淵明的詩平淡中見深沉，那種詩風在魏晉以及後來很長時間並不受重視。所以蕭統雖編過他的詩集，劉勰《文心》卻未提陶潛，鍾嶸《詩品》只把他列入中品。他死後五百多年，得到蘇東坡激賞，認為歷代詩人「曹、劉、鮑、謝、李、杜諸人，皆莫及也」，才確立了陶潛經典作家的地位。而一旦成為經典，陶詩對文學傳統所注重的品質風格，對中國讀者興味的培養，又產生極大影響。

美國作家華盛頓．艾文（Washington Irving）《見聞雜記》有專論文學變遷的妙文，寫得古趣盎然。在倫敦西敏斯特大教堂圖書館幽暗的閱覽室裡，艾文見滿架古書蠹蛀塵封、無人眷顧，不禁感慨萬端。突然有本古書說起話來，抱怨世人忘情，幾百年不來翻看它一次。艾文則為語言變化和人類的健忘辯護，認為不如此則文字將鋪天蓋地、泛濫成災。時間淘汰了大多數平庸之作，只讓少數精品流傳後世。此古書乃十六世紀所印，帶有貴族的偏見。聽說它那時代名噪一時的著作多已湮沒無聞，自然十分憤慨，更想不到一位出身微賤、未受許多教育、當時被它瞧不起的作者莎士比亞，竟已超過同代聲名卓著的諸家，入於不朽之境。這古董不知道，文學趣味變化不定，平庸之作也許可以領一時風騷，卻終難成為名符其實的經典。在起伏升遷的變化中，只有時間是最後的仲裁，也只有時間可以證明什麼是真正的不朽。

及時行樂

《古詩十九首》之十五：「生年不滿百，常懷千歲憂。晝短苦夜長，何不秉燭遊？為樂當及時，何能待來茲？」人們意識到生命短促，時不我待，便有及時行樂之想。白天不夠長，夜裡還要點著燭火遊玩。同前第八首：「傷彼蕙蘭花，含英揚光輝；過時而不採，將隨秋草萎。」詩人有感於蘭花之易凋而悲傷，勸人及時採摘。這意思早見於《詩．摽有梅》：「摽有梅，其實七兮。求我庶士，迨其吉兮。摽有梅，其實三兮。求我庶士，迨其今兮。摽有梅，頃筐塈之。求我庶士，迨其謂之。」樹上有七分梅子，後來只剩三分，最後全部墜落，這是比喻年華消逝，勸求愛的男子及時迎娶。杜秋娘《金縷衣》說得更清楚：「勸君莫惜金縷衣，勸君惜取少年時。花開堪折直須折，莫待無花空折枝。」這與英國詩人赫瑞克（Robert Herrick）的名句非常巧合：「Gather ye rose-buds while ye may,/Old Time is still a-flying:/And this same flower that smiles today,/Tomorrow will be dying.」我仿照古詩的語氣，把這幾句譯成：「玫瑰堪採直須採，時日飛逝光陰老：此花今日笑顏開，明日衰萎隨秋草。」玫瑰是美的象徵，莎士比亞《十四行詩集》第一首就說：「From fairest creatures we desire increase,/That thereby beauty's rose might never die」（我們希望美好的事物不斷增長，／美之玫瑰便永不會消亡）。詩人勸朋友趁青春年少生兒育女，因爲青春不可能永在。第十二首說：「And nothing' gainst Time's scythe can make defense/Save breed,to brave him when he takes thee hence」（誰也擋不住時光的利刃，／除非它擄你去時，你有後代與之抗衡）。這固然不同於《摽有梅》、《金縷衣》，但其主旨不是也可互相呼應嗎？

在西方文學裡，這類主題稱爲carpe diem，取自賀拉斯作品這一拉丁短語，正是「及時行樂」之意。佛洛伊德說，人生盡管有各種憂患，人們卻總希望按照「快樂原則」生活。及時行樂的主題如此普遍，也許正是「快樂原則」的表現罷。

行路難

詩人把人生比爲旅途，就把人的各種抉擇比爲行程中取什麼方向，走哪條道路。弗洛斯特（Robert Frost）的名句：「Two roads diverged in a wood,and I--/I took the one less traveled by,/And that has made all the difference」（林中兩條路歧出，而我——／我選的那條少有人走過，／那就決定了後來一切）。這顯然不只是寫林中散步，而是寫人生道路的選擇。詩人只說他做事與衆不同，並無後悔之意。成語「一失足成千古恨」，則用走錯路比喻作出錯誤選擇，遺恨終生。這很近於美國詩人葦蒂爾（J.G.Whittier）的意思：「For all sad words of tongue or pen,/The saddest are these:『It might have been!』」（筆下口頭一切悲哀的詞句，最悲者是「本來可以如此！」）

如果生活中作出決定像是挑選某條道路，那麼面臨重大問題須作決斷，就可比爲走到了岔路口。李白《行路難》感嘆道：「行路難，行路難！多歧路，今安在。長風破浪會有時，直掛雲帆濟滄海。」歷來論者多認爲，這是以道路險阻來比喻世道艱險，這固然不錯，但行路難不僅因爲路險，也因爲「多歧路」而難以抉擇。李白用《淮南子．說林訓》典故：「楊子見逵路而哭之，爲其可以南，可以北。」也許有人會說，楊朱這人眞死心眼，到岔路口走就是了，哭什麼呢？大不了走錯路，回頭再來。然而這是寓言，說的不是走路，而是人生旅途中面臨重大選擇，不知何去何從的困難。屈原一生遭遇不幸，「信而見疑，忠而被謗」。他在《離騷》中就用長途跋涉作基本象徵，比喻人生道路之艱險：「路曼曼其修遠兮，吾將上下而求索。」可是他終於走投無路，跳進汨羅江自殺了。

時間和生命都是單向往前，一去不復返，所以我們很自然把人生想像爲走路或旅行。但這不只是文學的幻想，而是概念性比喻，使我們能由具體形象構想人生，理解人生。

知音難

作家詩人嘔心瀝血，把自己內心深處的思想感情用最精妙的語言表達出來，形諸文字，總想讀者能心領神會。可是語言難以充分達意，文字更是外在形式，時過境遷，要通過文字回復到詩人當初內心所想，更是談何容易。於是詩人既期望有理想的讀者，也知道這樣的讀者難得。古代傳說伯牙鼓琴，鍾子期善聽，推心置腹的朋友便稱爲知音。《呂氏春秋·本味》：「鍾子期死，伯牙破琴絕弦，終身不復鼓琴，以爲世無足復爲鼓琴者。」所以劉勰說：「知音其難哉！音實難知，知實難逢，逢其知音，千載其一乎！」陶潛《擬古九首》之八：「不見相知人，惟見古時丘。路邊兩高墳，伯牙與莊周。此士難再得，吾行欲何求。」又杜甫《南征》：「百年歌自苦，未見有知音。」詩人們常用伯牙破琴典故，述說沒有知音的苦悶。如岳飛《小重山》：「欲將心事付瑤琴，知音少，弦斷有誰聽？」辛棄疾《蝶戀花》：「寶瑟泠泠千古調，朱絲弦斷知音少。」

然而知音難逢不僅在心意難於契合，更在志趣難以相投。彌爾頓寫《失樂園》，就希望「fit

audience find,though few」（尋得少數但知己的讀者）。俄國詩人普希金（А. С. Пушкин）在《葉夫根尼・奧涅金》的獻詞裡也說：「Не мысля гордый свет забавить, / Вниманье дружбы возлюбя」（不想取悅高傲的世人，只望博得友人的欣賞）。杜甫《麗春》詩云：「紛紛桃李姿，處處總能移。如何此貴重，卻怕有人知。」這是說麗春花可貴，在其獨處幽谷，不同於四處弄姿的桃李。這當然是以花寄意，「卻怕有人知」和「不想取悅高傲的世人」，都表示寧願曲高和寡，不願趨附凡俗。辛棄疾《賀新郎》結句感嘆道：「不恨古人吾不見，恨古人不見吾狂耳。知我者，二三子。」看來古代詩人這種孤傲，和現代流行文學的追求實在大異其趣。

雅與俗

文學藝術和審美趣味有雅與俗的分別。《文選》宋玉《對楚王問》說一位歌手唱「下里巴人」，有數千人跟著唱，唱「陽春白雪」，和者就只有數十人，這就表現出雅俗之分。越高雅精緻，懂的人就越少，所謂曲高和寡，而喜愛的人越多，也就越俚俗淺顯。不過雅俗都是相對而言，曾經是俗的，年代久遠成爲古董，就可能變爲雅。《詩經》裡的國風部分，按朱熹的說法，「多出於里巷歌謠之作，所謂男女相與詠歌，各言其情者也。」按現代分類，這些詩該屬於俗文學，但因爲出於上古而且成爲儒家經典，就從來被認爲是雅。柳永的詞寫得哀艷凄切，所謂「可令十七八女郎按紅牙檀板歌之」，在宋代很受一般市民歡迎。現在讀他的《雨霖鈴》：「多情自古傷離別，更那堪，冷落清秋節！今宵酒醒何處？楊柳岸，曉風殘月。」又是多麼優雅！所以雅俗之分並不在是否通俗，有數十人或是數千人欣賞。莎士比亞戲劇，狄更斯小說，一開始就很受歡迎，卻並不妨礙其爲經典。相反，沒有什麼人喜歡的作品，不見得就是無人識貨的精品，而可能本來就沒有什麼審美價値，引不起讀者觀衆的興趣。

文類或體裁往往有雅俗之分。詩爲雅，詞是「詩餘」，即爲俗，然而詞被文人普遍接受，大量創作之後，也就越來越雅。相對於詩詞之雅，戲曲和小說就俗，可是我們現在看《西廂記》、《牡丹亭》或者《三國演義》、《紅樓夢》，又早已是十分高雅的經典之作了。俄國形式主義文論家斯克洛夫斯基曾說，把向來認爲不入流的形式納入主流，升爲正宗，這就是文體演變和文學史發展的過程。西方最早以史詩和悲劇爲高雅文體，相對而言喜劇就較俗。後來戲劇爲雅，小說就較俗，可是現在小說也早已成爲正宗的文學體裁。所以如果雅表示審美價値較高，俗表示較低，那就只能以具體的作品來討論，視其趣味的高低來評定。

詩文不朽

曹丕《典論·論文》謂文章乃「經國之大業，不朽之盛事。年壽有時而盡，榮樂止乎其身，二者必至之常期，未若文章之無窮。是以古之作者，寄身於翰墨，見意於篇籍，不假良史之辭，不託飛馳之勢，而聲名自傳於後。」這是從作者方面講，認爲年壽或榮華富貴都很短暫，文章才眞正無窮，寫出傳世作品，才使人立於不朽。司馬遷得罪於漢武帝，被處以宮刑，受奇恥大辱。他在《報任安書》裡說，「所以隱忍苟活，幽於糞土之中而不辭者，恨私心有所不盡，鄙陋沒世，而文采不表於後世也。」他的《史記》成爲千古史傳文學之祖，的確使他不朽。

文章不僅使作者不朽，更使所記載吟詠者不朽。卡萊爾（Thomas Carlyle）在《英雄和英雄崇拜》裡以荷馬、但丁爲例，反覆論說文學使過去時代的一切永恆。若非荷馬史詩歌頌，希臘往古光榮，而今安在？若非但丁吟詠，中世紀歐洲的一切，更會無言而消沉。卡萊爾評但丁說：「要是他沒有說話，許多東西就會喑啞，即便未死，也只是默默生存而毫無聲息」（Much,had not he spoken,would have been dumb;not dead,yet living voiceless）。莎士比亞在一首十四行詩裡宣稱，詩人所愛者將在他詩句中永保青春美貌：「So long as men can breathe,or eyes can see,/So long lives this,and this gives life to thee」（只要還有眼睛看得見，還有人生存，／只要這詩篇還在，它便會給你生命）。杜甫《江畔獨步尋花》詩：「黃四娘家花滿蹊，千朵萬朵壓枝低。留連戲蝶時時舞，自在嬌鶯恰恰啼。」《詩林廣記》引胡仔《苕溪漁隱叢話》評論說：「齊魯大臣二人，而史失其名。黃四娘者，獨何人哉？因托此詩，以得不朽。」又附蘇東坡《記林氏媼》詩：「主人白髮青裙袂，子美詩中黃四娘，」並評論說：「區區二婦人者，皆得詩人託名於數百載之後，亦可謂奇遇也矣。」文章爲「不朽盛事」，確非虛言。

歷史和歷史的敘述

孟子說：「盡信書，則不如無書。吾於《武成》，取二三策而已矣。」那是因爲《尙書．武成》篇敘述殷周之際戰事，詞句誇張，孟子表示懷疑。可見孟子已見出歷史事實和歷史敘述的分別，前者乃客觀存在，後者是人爲敘述，不一定完全符合歷史眞相。不過他並沒有因此否認武王伐紂爲歷史事實，只說史書的有關敘述，他只取其中一小部分，顯然指敘述基本事實的部分。劉勰《文心雕龍．誇飾》說事物的精神極難摹寫，所以想像和誇張無可避免。他舉出古代典籍中許多例子，認爲誇飾有其道理，但「誇過其理，則名實兩乖」，必須「使誇而有節，飾而不誣」，才既有表現力，又不至引人誤解。中國古人對歷史敘述中的誇張，早有合理認識，對過度的誇張和不合情理的虛構，像孟子那樣表示懷疑，同時又強調信史，注重史德。

西方和中國一樣，歷史和文學及修辭學在古時並無明顯區別，人們對歷史敘述中可能的誇張和虛構，也並非沒有認識。十八世紀時，德國學者克拉登紐斯（J.M.Chladenius）指出，史家都有自己的「觀點」，歷史事件和「事件之概念」有所區別。洪波特（Wilhelm von Humboldt）認爲史家的任務不僅在紀錄史實，更須發現事件發展之「內在因果關係」。他認爲歷史和詩都是「自然之摹仿」，所以史家須如詩人運用想像，由片斷的史實，建構出歷史敘述圓滿的整體。當代學者海登．懷特（Hayden White）尤其強調歷史如小說一般，要運用想像和各種修辭手段，所以歷史敘述乃「再現事實之虛構」（fictions of factual representation）。然而認識到歷史敘述可能有誇張和虛構，取決於史家觀點，甚或表現某種意識形態，並不能由此便否認歷史事件本身的眞實性。以爲世間無所謂眞實，一切只是敘述和虛構，那不過是歷史虛無主義自欺欺人之談。

懷古思舊

十五世紀法國詩人維雍（François Villon）有詩追懷過去，其每節重複的結句最有名：「Mais oú sont les neiges d'antan?」（但昔日白雪，而今安在？）這使人想起蘇東坡《赤壁賦》名句：赤壁戰前，曹操氣慨不可一世，「釃酒臨江，橫槊賦詩，固一世之雄也，而今安在哉？」兩者都在追懷過去曾經存在的美或榮耀，並以此表示對現在的不滿足。從希臘對遠古黃金時代的幻想到十九世紀浪漫派對中世紀神秘性的迷戀，直到當代保護環境、珍惜自然、「綠色和平」等各種反對現代化、工業化後果的思想和運動，西方歷史上一直存在不同程度的懷古觀念。孔子自謂「述而不作，信而好古」，中國文化裡的懷古觀念更形成一個悠遠的傳統。《詩．邶風．綠衣》：「我思古人，實獲我心」，就很能代表這種傳統精神。對於過去，人們往往容易產生懷念之情，甚至忘記當時實際存在的種種痛苦和不愉快，在回憶中美化過去的事物。俄國詩人普希金有一首小詩《假如生活欺騙了你》（Если жизни тебя обманет），略謂我們總是不滿現在而緬懷過去，現在的一切都短暫且必將消逝，而在回憶中，逝去的一切都會變得可愛。

許多人懷古思舊，就像《赤壁賦》裡那個悲觀的客人，深感人生短暫無常，難成什麼大事業，於是對現實人生持消極否定的態度。東坡的高明，就正在於能擺脫不切實際的幻想和無端的煩惱，意識到「天地之間，物各有主。苟非吾之所有，雖一毫而莫取」。此即《老子》四十六章所謂「禍莫大於不知足；咎莫大於欲得。故知足之足，常足矣。」《文選》載張景陽《詠史詩》，也有類似含義：「達人知止足，遺榮忽如抽。……顧謂四座賓，多財爲累愚。」依據現實環境和人的能力，定出可以達到的目標，隨時保持生活的情趣和進取心，這不一定是消極的人生觀，其中頗有值得我們深思的道理。

魔鏡

鏡子能映照一切，使人覺得似乎有魔力存乎其間。王嘉《拾遺記》說萇弘給周靈王「獻異方珍寶」，其中「有如鏡之石，如石之鏡。此石色白如月，照面如雪，謂之月鏡」。可見古時人們把鏡子視爲珍奇。喬叟《坎特伯雷故事集》提到一魔鏡，可以給人看未來之事，辨認敵友；女人若有此鏡，可以監視情人是否到處拈花惹草，對她不忠。據傳美迪奇的凱瑟琳（Catherine de Medici）就有一柄預見未來的魔鏡，巴爾扎克小說中曾加以描繪。格林童話《白雪公主》中，妖冶的王后有一面魔鏡，她總是對鏡問道：「Spieglein,Spieglein an der Wand,/Wer ist die Schönste im ganzen Land?」（牆上的鏡子，小鏡子，／世上誰最美麗？）。

西方的魔鏡似乎多與巫術魔法相關，而中國傳說裡的魔鏡，卻往往能使妖魔現形，即所謂照妖鏡。《西京雜記》載漢宣帝就有「毒國寶鏡一枚，大如八銖錢。舊傳此鏡見妖魅，得佩之者爲天神所福。……帝崩，鏡不知所在。」李商隱《李肱所遺畫松詩書兩紙得四十一韻》：「我聞照妖鏡，及與神劍鋒。寓身會有地，不爲凡物蒙」，便反其意而用之，說眞正的寶物是不會永遠埋沒無聞的。《西遊記》第六回寫猴王大鬧天宮後，天兵去捉拿，猴王善變，靠托塔李天王用照妖鏡觀望，才最終擒住孫大聖，爲後來情節的發展打下基礎。但最有名的照妖鏡也許是《紅樓夢》第十二回所謂風月鑑。賈瑞見王熙鳳而起淫心，被鳳姐戲弄羞辱，害單相思病倒。一道士給他一面鏡子，說此物「專治邪思妄動之症，有濟世保生之功」，但「千萬不可照正面，只照他的背面，要緊，要緊！」賈瑞照背面見是一骷髏，正面卻見鳳姐在招手叫他，於是進入鏡中，與鳳姐雲雨歡快。如此幾番之後，便一命嗚呼了。《紅樓夢》又名《風月寶鑑》，可見這象徵對整部小說及其夢與幻之寓意，都有重要的含義。

鏡與燈的比喻

美國文論家亞伯蘭斯（M.H.Abrams）有《鏡與燈》（*The Mirror and the Lamp*）一書，論西方文學批評到十九世紀浪漫時代產生一個重大轉折，即由強調文藝爲自然之摹仿，轉而主張文藝爲藝術家心靈之獨創。卷首題辭引用葉慈（W.Yeats）詩句：「It must go further still:that soul must become/its own betrayer,its own deliverer,the one/activity,the mirror turn lamp」（必須更進一步：靈魂必須變成／自己的背叛者，自己的解救者，那同一／活動，由鏡變而爲燈）。這裡的鏡與燈都是心靈的象徵，鏡的比喻將心的活動理解爲反映事物，可代表柏拉圖至十八世紀之摹仿說，而燈的比喻則以心爲光之來源，能映照事物，可代表十九世紀之浪漫派理論。由鏡變而爲燈，則可比擬西方文論由摹仿到表現的轉折。劉若愚曾以亞伯蘭斯此論爲框架，用英文介紹中國古典文論，認爲中國歷來以表現理論爲主導。

中國早有鏡與燈之比喻。范溫《潛溪詩眼》更將此比喻用到文論中：「古人形似之語，如鏡取形，燈取影也。」鏡取形即應物象形，摹寫自然，燈取影則感物吟志，抒發心聲。《壇經》講六祖惠能的故事，尤其強調內心而不注重外物，關鍵正在鏡的比喻。故事說神秀半夜秉燭作偈，題寫在牆壁上，其辭曰：「身是菩提樹，心如明鏡台，時時勤拂拭，莫使有塵埃。」然而悟性更高的惠能卻另作一偈，意謂領悟佛性全在本心，不假外物。偈曰：「菩提本無樹，明鏡亦非台，佛性常清淨，何處有塵埃！」這是說佛性空無，不必如明鏡之須拂拭。此處雖未用燈比喻，但佛教說傳佛法正是「傳燈」。《大智度論》講教化弟子，「譬如一燈復燃餘燈，其明轉多。」這裡的比喻正是由鏡變而爲燈，其含義也正是由外物轉而注重內心。禪宗對中國文學藝術產生不小的影響，或者從鏡與燈的比喻中，我們能看出一點道理來。

樂土的幻想

人總希望過好日子，而現實又總不那麼美好，於是便產生美好生活的幻想，希望找到一個世外桃源，一片樂土。《聖經．創世記》裡的伊甸園，便是西方關於樂園最早的神話之一。《舊約》提到上帝許諾給亞伯拉罕及其子孫一片流著奶和蜜的樂土（the land that floweth with milk and honey），這在數千年裡，成爲西方一個極有吸引力的神話。英國民間傳說有所謂「窮人的天堂」（the poor man's heaven），十四世紀一首歌謠《可開心樂土》（*The Land of Cockaygne*）描繪此幻想說：「There are rivers broad and fine/Of oil,milk,honey and of wine;/Water serveth there no thing/But for sight and for washing」（那裡有寬闊純淨的河流，流著油、奶、蜜和酒；河水別無實用目的，只爲了人觀賞和梳洗）。詩中描述樂土房屋的牆壁磚瓦都用美食做成，煮好的鵝和雲雀會自動飛到人嘴裡：「Every man may drink his fill/And needn't sweat to pay the bill」（人人都可以開懷暢飲，用不著爲付帳而操心）。

在中國，《詩．碩鼠》大概是幻想樂土最早的詩：「碩鼠，碩鼠，無食我黍。三歲貫女，莫我肯顧。逝將去女，適彼樂土。樂土樂土，爰得我所。」這是說受不了老鼠騷擾，決心逃離此地，到樂土去安居樂業。樂土的幻想很快又與仙境的傳說合流。秦時有方士徐福上書，說海外有蓬萊、方丈、瀛州三處仙山，秦始皇竟然相信，發童男女數千人入海求仙。郭璞《遊仙》詩曾描繪說：「吞舟湧海底，高浪駕蓬萊。神仙排雲出，但見金銀台。」皇帝如此，當時許多人大概都幻想找到仙山，求得不死之藥。但仙境畢竟渺茫難尋，秦皇漢武也都一一故去。《古詩十九首》之十三：「服食求神仙，多爲藥所誤。不如飲美酒，被服紈與素」，就從對樂土仙境的幻想，重新回到現實中來，盡量抓住機會，及時行樂。可見樂土只是人們樸實而天眞的幻想，而人也總是徘徊在理想與現實之間。

自由的代價

上帝把亞當和夏娃安置在伊甸園中，一切隨他們享用，唯獨禁止他們吃知識樹的果子。撒旦化爲蛇，引誘夏娃偷食禁果，亞當也吃了，於是雙雙被上帝逐出樂園。這是《聖經・創世紀》有名的故事，歷來有各種解釋，其核心問題是上帝禁令與人的自由之關係。既然亞當夏娃無論做什麼都得到上帝允許，那麼違背禁令、偷食禁果，就成了唯一可以顯示他們自由意志的行爲。在偷食知識樹禁果之前，他們天眞無邪，卻也蒙昧無知。然而沒有知識和選擇的自由，伊甸園又有何樂趣？彌爾頓《失樂園》寫撒旦誘惑夏娃，正道出此點：「Why then was this forbid?Why but to awe,/Why but to keep ye low and ignorant,/His worshippers;he knows that in the day/Yet eat thereof,your eyes that seem so clear,/Yet are but dim,shall perfetly be then/Opened and cleared,and ye shall be as gods,/Knowing both good and evil as they know」（爲何有此禁令？還不就是／使崇拜者永遠畏懼、低下、無知；／他知道在你們採食那一天，／你們看來明亮實則朦朧的雙眼／將完全打開，變得清朗，／那時你們將像神一般，／像他們那樣知道善惡）。看來自由意味著獲取知識，但也會失去天真，失去無憂無慮的樂園。認爲獲取知識是違背上帝而犯罪，顯然是宗教對知識的否定。中世紀傳說浮士德（Faustus）爲獲取知識和經驗，以靈魂作抵押，與魔鬼簽約，同樣表現出宗教的反智主義。《老子》第三章：「常使民無知無欲」，十九章：「絕聖棄智……絕學無憂」，也是類似思想。

海涅有首詩（*Adam der Erste*）以亞當的口吻對上帝說：「Vermissen werde ich nimmermehr/Die paradiesischen Räume;/Das war kein wahres Paradies--/Es gab dort verbotene Bäume./Ich will mein volles Freiheitsrecht!/Find ich die gringste Beschränknis,/Verwandelt sich mir das Paradies/In Hölle und Gefängnis」（我絕不會思念／你那樂園的恬靜；／那裡既有禁果，／樂園也就假而非眞。／我要充分的自由！／任何限制的煩惱／都把你那樂園／變爲地獄和堅牢）。自由不等於快樂，而人寧取自由，不惜犧牲快樂。對人說來，沒有自由，也就根本不會有眞正的快樂。

大象無形

《老子》四十一章：「大音希聲，大象無形」，認爲可聞可見者有限，而大道無限。《莊子·知北遊》：「道不可聞，聞而非也。道不可見，見而非也。道不可言，言而非也。」《列子·仲尼》：「善若道者，亦不用耳，亦不用目，亦不用力，亦不用心。欲若道而用視聽形智以求之，弗當矣。」這都是說人的感知能力有限，只有超越感覺局限，才能達於深邃的認識。《莊子》常以殘疾人喻得道者，《列子》則說：「目將眇者，先睹秋毫；耳將聾者，先聞蚋飛；口將爽者，先辨淄澠；鼻將窒者，先覺焦朽；體將僵者，先亟奔佚；心將迷者，先識是非；故物不至者則不反。」在人的感覺方面，似乎同樣有物極必反之理。古代樂官多用盲人，稱爲瞽工。《詩．周頌．有瞽》：「有瞽有瞽，在周之庭」，說明周代便是如此。在古希臘，據說荷馬就是一位四處吟遊的盲詩人。中國古代占卜的巫師也多用盲人，稱爲瞽卜。大概「道不可見」，體道者「亦不用目」，盲者反而可以洞見神明吧。

索福克勒斯悲劇《伊底帕斯王》中的預言者泰列希阿斯（Teiresias）就是個盲人。伊底帕斯殺父娶母而不自知，泰列希阿斯不得已告訴他實情，但他絕不相信，竟憤然責罵泰列希阿斯不僅耳聾目盲，而且毫無頭腦。盲眼的預言者洞見一切，視力健全的伊底帕斯反而不能看清自己的處境，這當然更增強了悲劇的反諷。彌爾頓創作《失樂園》時，已經雙目失明。他在此詩第三部把自己和泰列希阿斯等古代盲眼的預言家們相比（So were I equaled with them in renown,/Blind Thamyris and blind Maeonides,/And Tiresias and Phineus prophets old）。他祈求神賜給他內在的光明（celestial Light/Shine inward），好讓他比常人看得更深遠：「that I may see and tell/Of things invisible to mortal sight」（使我可以看見而且講述／普通人無法看見的事情）。目盲而能有常人所無的洞見，其中的辯證之理實在值得我們深思。

蒲伯論摹仿

西方自柏拉圖起，就以藝術爲自然之摹仿。亞理士多德《詩學》論詩之起源，認爲人從兒時起就喜歡摹仿，詩產生自人愛摹仿的天性。他討論希臘史詩和悲劇，最推崇索福克勒斯（Sophocles），就已有典範的含義。羅馬人在文化上完全接受希臘傳統，荷拉斯《詩藝》就提倡摹仿希臘古典。這對後來影響頗大，從文藝復興到十八世紀，古典主義在文藝中成爲主流，摹仿自然和摹仿古人常常合而爲一。十八世紀英國詩人蒲伯（A.Pope）在《論批評》中說：「First follow nature,and your judgment frame/By her just standard,which is still the same」（首先師法自然，你的判斷／應以自然爲標準，它永遠公正而不變）。但他又說，古人師法自然得出的規律，就是自然本身：「Those rules of old discovered,not devised,/Are nature still,but nature methodized」（古人的法則絕非生造，乃是發現，／雖經規整，卻仍是自然）。蒲伯發揮荷拉斯《詩藝》中的話，提倡摹仿古人：「Be Homer's works your study and delight,/Read them by day,and meditate by night」（願你喜愛荷馬的作品，認眞研讀，／白天開卷閱覽，夜裡掩卷參悟）。他說當年羅馬詩人維吉爾（Virgil）創作史詩，不屑步人後塵，只欲摹仿自然：「But when t' examine every part he came,/Nature and Homer were,he found,the same」（但當他從頭至尾仔細考察，／才發現自然和荷馬本是一家）。蒲伯由此得出結論，認爲法自然與法古人實爲一體：「Learn hence for ancient rules a just esteem;/To copy nature is to copy them」（學會尊重古人的法則；／摹寫自然和師法古人並無分別）。

其實法自然與法古人都須靈活圓通，不落窠臼。蒲伯也承認，古人法則不能指引之處（「where the rules not far enough extend」），即須打破陳規，因爲規則乃爲使文章完美而設（「rules were made but to promote their end」）。韓愈《答劉正夫書》云：「或問爲文宜何師？必謹對曰：宜師古聖賢人。曰：古聖賢人所爲書俱存，辭皆不同，宜何師？必謹對曰：師其意，不師其辭。」正可與此參照。

髑髏的象徵

討論《紅樓夢》的風月鑑，不能只講鏡子正面的美人，不講反面的骷髏。骷髏乃死之象徵，有看破紅塵的虛無意味，宜乎爲道士所攜。《莊子．至樂》說「莊子之楚，見空髑髏，髐然有形。」他不僅與之對話，天晚了還「援髑髏，枕而臥」。髑髏夜半入夢，給他講死的道理：「死無君於上，無臣於下，亦無四時之事。從然以天地爲春秋，雖南面王，樂不能過也。」這是莊子一生死，齊彭殤的思想，玄奧而令人難以眞心接受。風月鑑裡的骷髏，就似乎有莊子哲學的意味。

很多文藝作品都以髑髏與青春美色對舉。蘇東坡《髑髏贊》：「黃沙枯髑髏，本是桃李面。而今不忍看，當時恨不見。業風相鼓轉，巧色美倩盼。無師無眼禪，看便成一片。」這在莊子齊物之外，又加上禪宗的空無思想。哈姆雷特在墳場見到宮廷弄臣尤利克（Yorick）頭骨，對生死發了一通感慨，並對那髑髏說：「Now get you to my lady's chamber,and tell her,let her paint an inch thick,to this favour she must come;make her laugh at that」（你現在到小姐的閨房去，告訴她，任她抹上一寸厚的粉，到頭來都會變成這副模樣：看她還怎麼笑）。歐洲十六世紀以來，文藝作品就常有死神和少女的主題，表現愛或色（Eros）與死（Thanatos）之關係。德國詩人克勞迪斯（M.Claudius）作《死神與少女》（*Der Tod und das Mädchen*），經舒伯特（Franz Schubert）譜爲名曲。少女對死神說：「Ich bin noch jung,geh,Lieber/Und rühre mich nicht an」（我還年輕，走開！不要來攪擾我）。死神答道：「Gib deine Hand,du schön und zart Gebild!/Bin Freund und kome nicht zu strafen./Sei gutes Muts!ich bin nicht wild,/sollst sanft in meinen Armen schlafen!」（把手給我，美麗溫柔的姑娘！我是你朋友，不是來使你悲傷。放心吧，我絕不撒野瘋狂，你會在我懷裡進入夢鄉！）少女代表人生的美好年華，而少女之死更使人深感生命之短促。死神和少女在此代表生死之對立而非齊一，我們還是寧要生命和美，而不安於死之沉寂。

文字的發展

《易・繫辭》下說庖犧作八卦，是「近取諸身，遠取諸物」。這也正是語言文字發展的規律。義大利思想家維柯（G.Vico）曾說，「一切語言中詞源學的原則是：詞都是從身體和身體屬性擴展開來指稱心靈和精神的建制。」人最熟悉的首先是自己的身體，所以自然先借用身體各部去命名外在事物。如天字，《說文》：「顚也，至高無上。從一，大。」《說文》釋顚爲「頂也」，釋大爲「象人形。」可見天就是顚，即頭頂，是人身最高部分，在「象人形」的大字上再加一橫。又如地字，《說文》：「元氣初分，輕清陽爲天，重濁陰爲地，萬物所陳列也。從土，也聲。」《說文》釋也爲「女陰也，象形。」章炳麟《文始》就說地是人陰，還解釋說身體最低雖是腳底，但四肢可以旁舒，所以人陰才眞是最低處。王力批評章炳麟此說牽強，指出也本是匜的古字，許愼釋爲女陰就已經錯誤。不過從文字學角度說來，或許王力是對的，但天地相對，按「近取諸身」的原則，既然頭頂爲天，人陰爲地也就順理成章。章炳麟這個錯誤，實在也情有可原。

許愼說倉頡作書，先是「依類象形」，然後「形聲相益」。圖畫式的象形字如山川日月等，數量很少，絕大部分漢字都用其他方法構成。如本是指事字，木下加一橫，表示根，所以本字的原義是樹根。莫是會意字，《說文》：「日且冥也，從日在茻中」，所以原義是日落時分。但莫被借用來表示否定，原來的意義就需另造一字來表示，於是在下面再添一日，成暮字。莫是會意字，音義都不同於日和茻，暮卻是形聲字，日爲意符，莫反而成爲這個新字的聲符。這類例子很多，如果我們研究一下漢字的發展，會發現幾乎每個字後面，都有一個有趣的故事。

語義變化舉例

世間萬物無時不在變化，語言也不例外。詞彙變了，句法不同了，所以讀古文會覺得困難。

現在用「僅」字，意思是「才」或「只」，都是說少。但在古文裡，除了這個意義之外，還有另一個現在不常用的意義，即「幾乎」或「將近」。杜甫《泊岳陽城下》「江國踰千里，山城僅百層」，百層之樓不可謂不高，怎麼可以說「僅有一百層」呢？原來杜甫是說山城很高，「幾乎有一百層」，不是說少，而是極言其多。今義和古義恰好相反。英文也有類似情形，例如silly現在是「傻」、「愚蠢」的意思，但十三世紀以來，這個字變化極大，最早的意思是「有福的」，然後是「天真」、「值得憐憫的」，然後是「渺小」、「微不足道的」。赫伯特（George Herbert）有詩云：Thou only art/The mighty God,but I a silly worm（只有您是／偉大的上帝，我不過是一小蟲），silly在此就並非「愚蠢」之意。又如close有「秘密」的古義。莎劇《馬克白》中，馬克白夫婦謀殺國王鄧肯，篡奪了王位。他們自知罪孽深重，馬克白夫人終至神經失常。一宮女正給醫生描繪馬克白夫人病情，她恰好走了過來。宮女便叫醫生仔細觀察，說：Observe her:stand close.此處stand close就絕不是「站近點」，而恰好是要醫生走開，藏在一處暗中觀察。

但語義變化不僅是古今之變。最近塵元先生就指出，《新華字典》頭幾版在「整」字下，都沒有列出「整人」的釋義。大陸政治運動不斷，挨整之人何止萬千，但直到一九七九年，修訂版的《新華字典》才列出「使吃苦頭」這一新義。他不禁感慨說：「一個整字，紀錄了橫亙幾十年的社會悲劇！」

字義趣談

文字的發展必然由少而多，反映出社會人生漸趨複雜，表情達意的要求也越來越多的情形。許多字本來有一定含義，後來被借作他用，就需要造新字或添加偏旁來明確區分字義。例如莫字，本是日落茻中，天色已晚之義。可是被借爲否定義，就再加一個日字來表示原義，於是有暮字。又如易，《說文》釋爲「蜥易。蝘蜓，守宮也。象形。」所以易字本義是蜥蜴，但被借用爲容易之易，只好再加蟲旁而新造蜴字。再如暴，《說文》釋爲「晞也，」本義是曬太陽。但借用爲暴戾之暴，爲表示曬的本義，就再加日旁而成曝字。

有些字原義和後來通用的字義變化很大，稍爲留心一下，就會發現一些有趣的問題。如聞字，《說文》：「知聲也。從耳，門聲。」可見聞的本義是聽，所以從耳。成語聞所未聞，聞過則喜，聞者足戒等等，都是用耳朵聽的本義。可是現代人說聞字，卻是用鼻子感覺，相當於文言的嗅字，和耳朵沒有關係。《現代漢語詞典》就有這樣的例句：「你聞聞這是什麼味兒？」

字的讀音也會發生有趣的變化。就如讀字，《說文》：「誦書也。從言，賣聲。」今天的賣字的讀音，看不出和讀字有任何聯繫。倒是賈字表示商人時讀若古，和賣字有聯繫，而在音上又好像與讀字有關聯。

最後再舉兩個有趣的字：射和矮。射是用弓矢射擊目標，矮是人短小之意，可是看這兩個字的構成，射恰好是身和寸，應該是身軀短小之意，而矮卻是委矢，也就是拉開弓矢。這兩字是否古人弄混了呢？去查《說文》，結果沒有矮字，而射字是「弓弩發於身而中於遠也。從矢從身。」只是篆文則「從寸。寸，法度也，亦手也。」原來寸在這裡的含意，並不表示短小，而表示尺度，也有用手的意思。探索文字的字源很有趣，而且可以加深我們對字句的理解。

說「暾」

屈原《九歌．東君》是祭祀日神的樂歌，首二句：「暾將出兮東方，照吾檻兮扶桑。」王逸注：「謂日始出東方，其容暾暾而盛大也」，下面「吾，謂日也」。歷來注家都依王說，以暾為日，以吾為東君自稱。現代評注也是如此，如聞一多《九歌解詁》：「暾之為言團也。……日出入時，其形圓尤顯，故皆曰暾。」金開誠等《屈原集校注》說暾是「初升的太陽」，下面「吾」則是「東君自稱」。此詩是東君自述口吻，郭沫若《九歌今譯》就用白話把這兩句譯成：「太陽將出從東方，照耀我的欄杆和扶桑。」然而這裡有個問題，大家似乎都沒有注意。如果暾是初升太陽，東君為日神，也是太陽，豈不是一身二任，太陽出來照太陽？蘇雪林《屈原與九歌》注意到這點，說「此歌既為日神獨語，竟有『暾出東方』，『照吾檻』之語實亦令人費解。」但又說：「暾乃朝日，是西亞所謂『日輪』，或希臘神話所謂『日車』，它們也都能發光，是由日神駕馭著才能行動的，與日神本非一體。」但原詩明明說，暾自東方而出，照及東君住處的扶桑樹，不待日神駕馭，早已放出光芒。所以蘇雪林此說雖廣泛比較各國神話，卻仍未能令人滿意。

暾字不見於《說文》。王夫之《楚辭通釋》釋此句：「斜日照空，溫和之氣，晨日朝暾，暮日夕暾，此言朝暾也。」蘇雪林引王說並評論說：「雖於字書無據，卻遠比諸家爲佳。」但何爲朝暾，仍未細說。杜甫《貽華陽柳少府》有句：「火雲洗月露，絕壁上朝暾。」這是描寫清晨朝霞映照在絕壁上。所以朝暾即朝霞，而非太陽。希臘神話有日神阿波羅（Apollo），又有司朝霞的女神奧若拉（Aurora）。朝霞一出，黑夜消失，所以奧若拉爲日神前導。如果東君相當於阿波羅，暾則相應於奧若拉，應是朝霞。

草木的怒容

《莊子．外物》：「春雨日時，草木怒生」，用「怒」字來形容春天草木蓬勃生長之態，這也許是最早的例子。對照一下Burton Watson的英譯會很有趣，因爲他的譯文沒有把「怒生」二字直譯，而是意譯成：「In Spring,when the seasonable rains and sunshine come,the grass and trees spring to life.」譯者這樣處理是有道理的，用描述人類心理狀態的「怒」字來形容草木，是擬人的表達方式，這在漢語裡讀來覺得很形象，在英語裡卻顯得誇張而別扭，所以不宜直譯。

「怒」字在漢語裡的這種用法相當普遍，柳宗元摹仿《詩經》句法的《皇武》詩有「怒其萌芽，以悖太陽」一句，在現代漢語裡，形容盛開的花常說「鮮花怒放」或「百花怒放」。不過說花

「怒」不僅是描繪花朵盛開勃發的樣子，在詩人的想像中，那往往也和鮮艷的紅色聯繫在一起。蘇東坡描寫紅梅的花姿說：「玉人頩頰固多姿」。《彥周詩話》解釋此句說：「頩，怒色，……婦人怒則面赤。」這句詩的巧思和妙處，頗耐人尋味。《詩經・桃夭》早已用盛開的桃花來形容美女的笑容，蘇東坡此詩則用美女的面容來寫梅花，不過十分別緻的是，他不是用笑臉，而是用發怒的面孔來比紅梅。元稹《夢遊春七十韻》有「鸚鵡饑亂鳴，嬌娃睡猶怒」，也把「怒」字和美麗的面容聯繫在一起。

雖然Watson不把莊子的「怒生」二字直譯是對的，但用發怒的面色來描寫鮮紅的花朵，卻也並非中國詩所獨有。十七世紀英國詩人George Herbert的詩Vertue描寫盛開的玫瑰，就有這樣的名句：Sweet rose,whose hue angrie and brave Bids the rash gazer wipe his eye，這hue angrie and brave不正是「鮮艷的怒色」麼？這和東坡詩中的「玉人頩頰」，不正有異曲同工之妙麼？

「暾」與達芙涅

上次講屈原《九歌・東君》：「暾將出兮東方，照吾檻兮扶桑」，暾爲朝霞，而非太陽，如希臘神話中朝霞之神奧若拉。希臘神話另有日神阿波羅苦戀達芙涅（Daphne）的故事，羅馬詩人奧維德（Ovid）《變形記》第一部，把這故事寫得相當精彩。阿波羅善射，見愛神邱比德（Cupid）手執小弓箭，便取笑他。不料淘氣的邱比德用金箭射中阿波羅，使他愛上達芙涅，又對達芙涅射一鉛箭，使之厭恨阿波羅。達芙涅逃不開強有力的太陽神，在阿波羅就要追上來的一刻，求父親河神佩尼斯（Peneus）把她變爲一棵月桂樹。月桂於是成爲日神阿波羅的聖物，他用柔條做成桂冠戴在頭上，這就是後來勝利者頭戴桂冠的來歷。

達芙涅是誰？她爲什麼要逃避阿波羅的追求？這故事有什麼含義？十九世紀著名學者繆勒（Max Müller）從歷史語言學角度，研究神話人物名字與故事之關係，發現從詞源學看來，希臘語月桂即達芙涅（Daphne），可追溯到古印度梵文之Ahanâ，即朝霞之紅色。原來達芙涅就是朝霞，其故事正是以神話形式，講述我們每天早上都可以觀察到的現象：清晨先有朝霞出現，然後太陽升起，好像在後面追趕，但太陽所到之處，朝霞也就消失不見，永遠不會讓太陽抓住。這就是阿波羅與達芙涅的故事。

如此說來，暾也相當於希臘神話中之達芙涅。當然，中國神話沒有希臘神話那麼多故事，沒有描寫得那樣細致入微，《東君》也沒有日神追逐朝霞又使之變化的情節。然而暾在《東君》是首先出現的字，也只在開頭出現一次。全詩以下寫日神駕龍車，載雲旗，馳騁中天，到傍晚時分又舉長矢，射天狼，最後在冥冥夜色裡，驅車向東方行進。但最先出於東方，曾映照日神扶桑樹的暾，卻早已消失得無蹤無影。

言不盡意

中國古代講「詩言志」，認爲文學表現內心的思想感情。《毛詩》序進一步發揮說：「在心爲志，發言爲詩。」但心中之志變爲文字的詩，這當中頗有距離，絕非易事。《易．繫辭》下：「書不盡言，言不盡意」，就說語言文字難以充分表情達意。詩人心中所想也許奧妙精微，一出口卻面目全非，所以劉禹錫《視刀環歌》嘆息說：「常恨言語淺，不如人意深。」席勒（Friedrich Schiller）也嘆道：「Spricht die Seele,so spricht,ach!schon die Seele nicht mehr.」（靈魂一開口說話，卻早已非靈魂在說話）。莎士比亞在十四行詩裡抱怨，說他的詩神被拴住了舌頭，說不出話來（My tongue-tied Muse in manners holds her still）。雪萊（P.B.Shelley）則在《詩辯》中說，詩人創作時，心靈好比燃燒的煤塊，而一旦構思寫作，「靈感即見衰頹，傳達給世人最輝煌的詩歌，大概也只是詩人最初構想的一個淡淡的影子而已」（a feeble shadow of the original conception of the Poet）。陸機《文賦》序談作文之難，謂「恆患意不稱物，文不逮意」，即是說內心思想要把握外物已很難，文字要表達思想就更難。

《莊子．天道》有一則寓言，也許最能表現對語言達意能力的懷疑。輪扁見桓公在讀書，就說「君之所讀者，古人之糟魄已夫！」他解釋說，自己造車輪的技術「得之於手而應於心，口不能言」，連自己的兒子都無法傳授，早已死去的古人又怎能通過外在的文字，把他們的心志傳達給後人呢？陸機《文賦》說詩藝之妙，「是蓋輪扁所不得言，亦非華說之所能精」，就用這則寓言來申說創作的艱難。

的確，文學表現的範圍沒有窮盡，自然風物，人生百態，思想之深邃，感情之微妙，全要刻劃描摹得恰到好處，實在不容易。難怪詩人要責備抱怨，用語言來表達對語言的不滿。

意在言外

詩人常抱怨筆下所寫不及心中所想，但詩文總離不開語言，這類抱怨本身就須通過語言來表達，所以常有反諷意味，有時甚至只是一種修辭手法。莎士比亞說，他寫不出好詩，都因其所愛容貌姣美，非筆墨所能形容（O blame me not if I no more can write!/Look in your glass,and there appears a face/That overgoes my blunt invention quite,/Dulling my lines,and doing me disgrace）。李白登黃鶴樓，說「眼前有景道不得，崔顥題詩在上頭」，那是以自謙來反襯前人的成就。他們說自己詩不好，是要突出詩人想贊美者好；自謂不善表達，正是巧妙的表達。讀者也不會把這話當眞，以爲詩人眞沒有才氣。

其實達意並無須千言萬語，而在善於暗示，以最經濟的筆墨表達最豐富的蘊涵。法國詩人魏爾倫（Paul Verlaine）在《詩藝》中說：「Rien de plus cher que la chanson grise/Où l'Indécis au Précis se joint」（最可貴是那灰色的歌，其中含混與精確相融合）。德國詩人里爾克（R.M.Rilke）更認爲沉默優於語言。他說：「Schweigen. Wer inniger schwieg,/rührt an die Wurzeln der Rede」（沉默吧。那眞心沉默者／可摸索到語言之根）。

中國文論歷來講究意在言外，即鍾嶸所謂「文已盡而意有餘」，司空圖所謂「不著一字，盡得風流。」秦觀《水龍吟》：「小樓連苑横空，下窺繡轂雕鞍驟」，蘇東坡取笑他，說是「十三個字只說得一個人騎馬樓前過。」這雖是玩笑，卻也顯出中國詩講究言簡意賅，惜墨如金。東坡自己則說：「欲令詩語妙，無厭空且靜。靜故了群動，空故納萬境。」這是借禪宗不立文字的空無觀念，來討論詩文創作。金聖嘆說《西廂記》妙在一個「無」字，又說「文章最妙是目注此處，卻不便寫，……使人自於文外瞥然親見。」白居易謂詩有七義：「說見不得言見，說聞不得言聞」等等，也是取暗示而不用直說。可見文章關鍵在言之有物，誠如陸機所說：「要辭達而理舉，故無取乎冗長。」

意像的巧合

比喻是語言中生動鮮活的成分，有很大程度的獨創性和不可重複性。正因爲如此，不同語言中使用相同或類似的比喻，就尤其引人注目。我想舉閱讀中所見幾例來說明，這裡所謂比喻，不只是一個詞句，而且涉及整個意像的構成。《國語．吳語》：「吳王將許越成，申胥諫曰：『……爲虺弗摧，爲蛇將若何？』」戰國時代，吳國強大，越國弱小，吳本來可以滅越，越王派人求和，爭取時機。吳王夫差想答應越國要求，大臣申胥（即伍子胥）極力勸阻，但剛愎自用的吳王卻沒有聽從勸告。後來越王勾踐雖一時挫敗被虜，卻忍辱負重，臥薪嘗膽，終於擊敗吳國，這是吳越相爭的有名故事。伍子胥勸諫吳王時說：「一條蛇還小的時候不把它摧毀，等它長成大蛇，情形又將如何呢？」這是一個很生動的比喻，其含義也十分清楚，不言而自喻。

莎士比亞悲劇《馬克白》三幕四場，馬克白派人殺死班柯（Banquo），但班柯之子卻死裡逃生，幸免於難。馬克白得到刺客報告之後說：「There the grown serpent lies;the worm,that's fled,/Hath nature that in time will venom breed,/No teeth for th'present」（大蛇已經僵臥在那裡；那逃掉的小蟲／有天生毒性，到時候會生發出來，／不過目前還沒有毒牙利齒）。馬克白早得女巫預言，知道班柯之子將來會取代他爲王，所以他極力想殺害的正是班柯幼子。可見他說這話，只是他一時間無可奈何，而他當初派人殺害班柯一家，不也正如伍子胥所想，「爲虺弗摧，爲蛇將若何？」我們也許可以聯想到伊索寓言《農夫和蛇》一則：某冬日，有農夫見一蛇凍僵在野地裡，便心生憐憫，把蛇擁在懷中。蛇暖和過來，反而咬農夫一口，使之受毒而生命垂危。這寓言警告我們，要提防那種恩將仇報的惡人，雖然寓意與我們上面所舉兩例有所不同，但由蛇在不同狀態之強弱變化構想，則不無共通之處。

妙悟與文字藝術

中國文論講究含蓄，強調意在言外。宋代嚴羽著《滄浪詩話》，認爲詩和禪都在「妙悟」二字，詩應該「不涉理路，不落言筌」，「如空中之音，相中之色，水中之月，鏡中之象，言有盡而意無窮」。嚴羽以禪喻詩，倡導空靈的詩風，是針對當時江西詩派字字必須講來歷的死板機械，有所爲而發，但後來有人就越說越玄，好像詩完全不必用語言文字。如明代游潛《夢蕉詩話》：「學詩渾似學參禪，妙處難於口舌傳。消盡人間煙火氣，鳶魚潑潑眼中天。」然而詩本是文字藝術，不用口舌，離開文字，連詩都沒有，又哪來什麼妙悟呢？把詩和禪混爲一談容易引起誤解，以爲只求妙悟即可，在文字上似乎不必下功夫。宋人劉克莊《題何秀才詩禪方丈》早批評說：「詩家以少陵爲祖，其說曰，語不驚人死不休。禪家以達摩爲祖，其說曰，不立文字。詩之不可爲禪，猶禪之不可爲詩也。」錢鍾書《談藝錄》充分肯定嚴羽的見解，但也說：「詩自是文字之妙，非言無以寓言外之意；水月鏡花，固可見而不可捉，然必有此水而後月可印潭，有此鏡而後花能映影。」這就是說，詩歌妙處畢竟要通過文字來傳達，詩和禪有相通之處，但宗教與文學又畢竟不同。

《西遊記》第九十八回寫唐僧師徒歷盡千難萬險，終於見到佛祖，不料取得的佛經卻是一卷卷白紙。後來如來佛給了他們一些有字經書，卻又說那些白紙其實「乃無字眞經」，都因爲「東土衆生，愚迷不悟，只可以此傳之耳」。寫小說編故事當然可以說得這樣玄而又玄，方顯得神秘奧妙，但當年唐三藏要眞從天竺帶回些白紙來，恐怕佛教在中國的影響就小得多。如果《西遊記》全是一本白紙，那就連「無字眞經」這段故事也無法講述了。

文如其人

法國博物學家布封（Comte de Buffon）說，一個作家選取的題材內容是外在的（hors de l'homme），只有「風格才是其人本色」（le style est l'homme même）。這話很容易使人想起中國文評所謂「文如其人」。蘇軾《答張文潛縣丞書》說他弟弟蘇轍的文章比他自己的好，但一般人不知道。蘇轍「爲人深不願人知之，其文如其爲人，故汪洋澹泊，有一唱三嘆之聲」。這是說蘇轍爲人內向，不喜歡張揚，寫的文章也不大爲人所知。把作者性格與文章風格聯繫起來，這與布封的看法雖然不盡同，但也相差不遠。葉燮《原詩》說：「功名之士，決不能爲泉石澹泊之音；輕浮之子，必不能爲敦龐大雅之響」，也大概是同樣的意思。

把「文如其人」理解爲一定的性情可以形成一定的文章風格，那是不錯的。但無論東方或西方，都有泛道德論傾向，把風格等於人格，以文品源於人品。朗吉努斯（Longinus）《論崇高》是西方文評名著，其中就說崇高的風格來自崇高的人格，所以作家須有人格修養。這類觀念在中國更俯拾即是。孔子早說過，「有德者必有言」。《詩人玉屑》：「詩言志，當先正其心志。心志正，則道德仁義之語、高雅淳厚之義自具。」但問題是，過分強調道德人品不僅忽略文學本身，而且會以政治道德取代文學的審美批評。顧炎武《日知錄》「文辭欺人」條，大談謝靈運和王維在政治動亂或改朝換代中，不能始終如一，忠於一主。顧在明末清初著書，這類政治感慨可以理解，但因此否定謝、王詩文，就難免因人廢言之譏。其實文與人都相當複雜，不能簡單分好壞。殘忍奸詐如曹操，詩卻寫得氣魄宏偉。《詩品》說「曹公古直，頗有悲涼之句」，便是很恰當的評價。所以「文如其人」不宜理解得太死板。

「百花齊放」正解

上次談「文如其人」，引了蘇軾《答張文潛縣丞書》。蘇軾此信還有一點值得注意，即認為當時文壇一片蕭條，都怪王安石的專斷。他說：「王氏之文，未必不善也，而患在於好使人同己。」其實蘇東坡很敬佩王安石的才華品格，但王「好使人同己」，使天下文章千篇一律，就使他不能不反對。他接下去說：「地之美者，同於生物，不同於所生。惟荒瘠斥鹵之地，彌望皆黃茅白葦，此則王氏之同也。」蘇軾反對王安石變法，原因很複雜，王氏拜相時刊行《字說》、《三經新義》，並用以出題取士，強求思想和文章統一，實在是蘇軾反對他的一個重要原因。

《易．繫辭》：「物相雜，故曰文。」《國語．鄭語》：「聲一無聽，物一無文，味一無果，物一不講。」這都證明中國古來早有雜多和統一相輔相成的認識。我們常說百家爭鳴、百花齊放，認為那是繁榮文藝的好政策。可是當政者往往以統一的名義壓制雜多，結果必然使百家緘口，把文藝園地變成東坡所謂「荒瘠斥鹵之地」。這就使我想起錢鍾書先生的妙語，說百花齊放有兩解：一百種不同顏色的花一齊開放，是謂百花齊放，一百朵同一顏色的花一齊開放，也是百花齊放。《阿麗絲漫遊奇境記》裡，紅桃皇后下令把花園裡一切玫瑰都染成紅色，就是後一種的「百花齊放」。馬克思曾抨擊普魯士書報審查制度，略謂自然景色千姿百態，姹紫嫣紅，陽光下每一滴露水都閃現出無窮盡的顏色，爲什麼精神的太陽卻只允許一種色彩，即唯一的官方色彩呢？可見無論古今中外，大家都反對言論一律。這在今日的社會裡，一樣是值得重視的大問題。

成語的巧合

成語都是約定俗成，有固定的表達方式，也有一定的來歷。《漢書·高帝紀》載劉邦以韓信爲左丞相，帶兵擊魏，聽說魏國大將柏直是個年輕人，就鄙棄地說：「是口尙乳臭，不能當韓信。」這就是成語「乳臭未乾」的來歷。《三國演義》第八十三回寫劉備興兵伐吳，瞧不起吳國的少年將軍陸遜，說「朕用兵老矣，今反不如一黃口孺子耶？」可見「黃口孺子」和「口尙乳臭」兩個成語意思很近，都形容年幼無知，缺乏經驗。

有趣的是，莎士比亞喜劇《第十二夜》一幕五場，竟有和「乳臭未乾」完全相契的說法。薇娥拉（Viola）女扮男妝，爲奧西諾公爵（Orsino）去向奧麗薇婭（Olivia）送情書。管家馬伏利奧（Malvolio）去通報時，奧麗薇婭問來人多大年紀，相貌如何。管家回答說，此人既非小男孩，又算不得成年男子，看樣子「他嘴裡還留著娘奶呢」（One would think his mother's milk were scarce out of him）。這不正是「乳臭未乾」嗎？又托爾斯泰名著《戰爭與和平》第九卷二十章，別佳想參軍，他的父親反對說：「胡鬧！我告訴你。你乳臭未乾，竟然想參軍！」（Constance Garnett英譯：Nonsense,I tell you. Your mother's milk has hardly dried on your lips and you want to go into the army!）另外，郭象註《莊子・齊物論》有「對牛鼓簧」一語，就是成語「對牛彈琴」的來歷。羅馬人博伊修斯（Boethius）在《哲學的慰藉》裡，用「像聽不懂琴聲的笨驢」來比喻人的愚蠢（Richard Green英譯：like the ass which cannot hear the lyre），不正是「對牛彈琴」之意嗎？

有些人過分強調文化差異，認爲中國和西方不僅語言不同，而且思維方式也根本不同。我從來不同意這種看法，而這些成語的巧合，就是對這種文化對立論極好的反駁。

雙關語的妙用

雙關語是一種文字遊戲，往往使說的話顯得俏皮活潑，但也常常給人輕佻取巧的感覺。晉代《子夜歌》有一首說：「憐歡好情懷，移居作鄉里。桐樹生門前，出入見梧子。」古時女子稱相好的男子爲「歡」，「梧子」是梧桐樹的果實。門前種一棵梧桐樹，進出隨時可以見到「梧子」，諧音「吾子」，即「我喜歡的男子」。這是諧聲的雙關語，用在民歌式的詩裡相當巧妙。文人仿民歌，也往往用這類手法。最有名的例子大概是唐代劉禹錫的《竹枝詞》：「楊柳青青江水平，聞郎江上唱歌聲。東邊日出西邊雨，道是無晴還有晴。」這裡天晴的「晴」諧聲情意的「情」，用意極巧。

說到「晴」字的雙關語，不能不讓我想起莎士比亞悲劇*Macbeth*開場三女巫模稜兩可的話：Fair is foul,and foul is fair，這話可以指美和醜，天氣的晴和陰，也可以指命運的好和壞，而在女巫看來，二者並無分別。妙在馬克白上場來第一句話就說：So foul and fair a day I have not seen，恰好與女巫的咒語相呼應。當日風雨交加，氣候惡劣，但馬克白剛打了勝仗，得意揚揚，所以此話可以譯成：「我還從未有過氣候如此惡劣、心情又如此愉快的一天。」但此話與女巫的話前後連接，女巫曖昧模稜的話於是成為預言馬克白命運之讖語，也點出全劇主題，即好壞窮通的辯證轉化。二者之間變化無常，其意正《老子》所謂「禍兮福之所倚，福兮禍之所伏」。由此可見，雙關語不僅巧妙，也可以有嚴肅的內容，甚至揭示深刻的哲理，不得一概視之為遊戲文字。

道德有香氣嗎？

道德是抽象概念，說道德可以散發香氣，似乎是個不尋常的比喻。但在古文中，這個比喻卻頗為尋常。《書．酒誥》有「惟德馨香」。《君陳》篇有「黍稷非馨，明德惟馨」，就是說穀米飯菜都不香，只有道德才香。屈原用各種香花芳草來作服飾，就很有象徵意義。《離騷》「紉秋蘭以為佩」句，王逸解釋說：「佩，飾也，所以象德。」唐代劉禹錫《陋室銘》：「山不在高，有仙則名。水不在深，有龍則靈。斯是陋室，惟吾德馨」，就有《尚書》以來的語句作根底。李白《贈孟浩然》詩結尾：「高山安可仰，徒此揖清芬」，雖沒有明白說出德字，但「高山」來自《詩．車舝》「高山仰止」，「清芬」來自陸機《文賦》「詠世德之駿烈，誦先人之清芬」，都是借用來表示對孟浩然清高道德的敬佩之情。

這些著名篇章都把抽象的道德比喻成具體的花草，有位漢學家就舉上面提到屈原的例，論證中國人不會抽象理解，而一定把抽象概念變成具體實物。然而就道德可以有香氣而言，西方也有類似比喻，但是只讀中國書的漢學家大概不會留意。英國詩人彌爾頓《失樂園》第九部，寫伊甸園中旭日初升，百花齊放，萬類都從大地的祭壇給上帝獻上默默的贊美，「在他的鼻中送上感恩的氣味」（and his nostril fill/With grateful smell）。這grateful是「感恩」之意，但在此又保留了拉丁詞根的「芬芳」之意。感恩抽象，芬芳則具體。德國哲學家卡西烈（E.Cassirer）在《語言與神話》中，盛贊柏拉圖在一篇對話中描寫自然景色，說那段描寫有幾乎前所未有的「光彩和馨香」（a glamour and fragrance well-nigh unequaled in classical descriptions of nature）。這不也是把抽象的東西比喻成有香氣的花草嗎?中西語言和文化的確有許多差別，但卻絕不是具體與抽象的差別。

語言、文明和野蠻

亞理士多德說，人是有邏各斯（logos）的動物，過去多理解爲「人是有理性的動物」。德國哲學家伽達默指出，邏各斯即語言，所以這句話的意思是「人是有語言的動物」（der Mensch ist das Lebewesen,das Sprache hat）。邏各斯既是理性，又是語言，正如中文道理、道白，同是道字，一爲理，一爲言。能說話才可以講理，於是語言成爲理性和文明的表徵。

人首先認識自己的語言，在交通不便的古代，人們往往以爲只有自己才有語言，和自己說同樣話的是文明人，其他都是野蠻人。法國學者芮南（Ernest Renan）曾說，古代稱外邦人用的詞，在字源上不是結巴，就是啞巴之意。希臘文barbaros原意爲說話結巴的人，就指不會說希臘語的外國人，亦即野蠻人。西方語言裡野蠻一詞，大多就來自這個希臘字。俄語裡稱德國人爲немец，詞源意義正是啞巴。阿里斯托芬在喜劇《群鳥》裡，說野蠻人講話像鳥叫。三世紀哲學家波菲利（Porphyry）也說，在希臘人聽來，印度人說話像鶴叫。這和中國古人的偏見十分巧合，《周禮．秋官》就說「夷隸」可以「與鳥言」，「貉隸」則「與獸言」。中國古人常說蠻夷不通華語，但能作鳥獸語。歐陽修在南方寫詩《寄梅聖俞》：「青山四顧亂無涯，雞犬蕭條數百家。楚俗歲時多雜鬼，蠻鄉言語不通華。」就連晚清提倡洋務西學的黃遵憲也有詩云：「拍拍群鷗逐我飛，不曾相識各天涯；欲憑鳥語時通訊，又恐華言汝未知。」這和歐陽修詩可互相參照，而「華言汝未知」的言外之意，正如錢鍾書先生所說，「是鷗鳥和洋人有共同語言。」

法國作家蒙田（Michel Montaigne）早說：「凡和自己習俗不同，人們就稱之爲野蠻」。（chacun appelle barbarie ce qui n'est pas de son usage）但這種以天下文明盡在己的態度，不過暴露出封閉心理的狹隘和孤陋寡聞的愚昧而已。

中西畫風之異

西方人初見中國畫，不知道如何欣賞，往往斥爲原始幼稚。十八世紀義大利思想家維柯（G. Vico）在《新科學》裡，就批評中國畫不懂投影，沒有高光和明暗變化，沒有透視的深度感，所以「極爲粗糙」。十七、十八世紀歐洲曾掀起中國熱，藝術上有所謂「中國風」（chinoiserie），如華多（Jean Antoine Watteau）、布歇（François Boucher）等大畫家都描繪過他們想像中之中國。但那只是西方人的想像，與中國畫並無交涉。直到十九世紀末和二十世紀，西方人才懂得中國畫的價值，各大博物館也收藏許多中國畫精品。

西畫在明末傳入中國，雖曾引起一陣驚嘆，但很快就受到文人畫家的抵制。晚年入基督教的畫家吳歷，也拒絕採用西洋畫法，其《墨井畫跋》說：「我之畫不求形似，不落窠臼，謂之神逸；彼全以陰陽向背形似窠臼上用工夫。即款識，我之題上，彼之識下，用筆亦不相同。」讀清人鄒一桂《小山畫譜》，更可以明顯見出中西畫風之難於調和。鄒一桂批評文人畫忽略形似，甚至說蘇東坡貶低形似，乃因「此老不能工畫，故以此自文」，「直謂之門外人可也。」可是他講起西畫，雖然深知其形似逼眞，卻仍然偏執一面。他承認「西洋人善勾股法，故其繪畫於陰陽遠近不差錙黍。所畫人物屋樹皆有日影，……布影由闊而狹，以三角量之。畫宮室於牆壁，令人幾欲走進。」但他又說西畫「筆法全無。雖工亦匠，故不入畫品」。由此可知，何以清代西洋畫家供職畫院，其中有像義大利人郎世寧（Giuseppe Castiglione）那樣的佼佼者，以油畫技巧結合中國畫法，佳作不少，卻終究不能發生很大影響，也得不到文人士大夫們的賞識。

其實中西繪畫風格各異，二者不必強合。懂得用不同目光和標準，去欣賞這迥然不同的兩種偉大藝術，才使我們的眼界更爲開闊，修養更加豐富。

栩栩如生

洪邁在《容齋隨筆》裡說，「江山如畫」是把眞實當作虛構的藝術，而藝術到了爐火純青的地步，又可以亂眞。他舉杜甫題畫詩爲例說：「至於丹青之妙，好事君子嗟嘆之不足者，則又以逼眞目之。」北宋時董羽善畫魚龍，太宗建瑞拱樓，命他作四堵壁畫，半年而畢。太宗與嬪御登樓，幼小的皇太子見畫上飛龍，驚哭不敢視，皇帝忙下令把壁畫塗掉。可見董羽畫的龍栩栩如生，如他自己所說，「點其目則飛去」。西班牙大畫家委拉士凱茲（Diego Velázquez）爲教皇英諾森十世（Innocent X）造像，神情畢肖，連教皇自己都說此畫「troppo vero」（太逼眞了）。這畫置教皇宮中，據說有兩教士從旁經過，一眼瞥見，以爲教皇坐在那裡，嚇得連忙放低聲音，悄悄走過。這些例子是藝術進入了眞實的境地。

希臘神話有雕塑家匹革馬良（Pygmalion）的故事。他愛上自己雕刻的女子像，求愛神維納斯把雕像變成眞正的血肉之軀，與他成婚。奧維德（Ovid）《變形記》（*Metamorphoses*）第十部有精彩描述，在西方頗有影響。莎士比亞《李爾王》第四幕第六場，雙目失明的葛洛斯特（Gloucester）不堪命運折磨，想在多佛海岸跳岩自殺。埃德伽（Edgar）知道勸阻無用，故意說他們已經到了懸崖絕壁，從高處看下去觸目驚心（How fearful/And dizzy 'tis,to cast one's eyes so low）：「空中盤旋的烏鴉飛鳥看來只有甲蟲那麼大。那冒死懸在山腰採野菜的人，好像只有人頭般大小。行走在海灘上的漁夫就像小耗子，泊在海邊的大船小得像舢舨，舢舨更像一塊浮標，小得幾乎看不見。那沖打著海邊無數石子的海濤聲，在這麼高的地方竟一點也聽不見。」這形象的描繪使葛洛斯特信以爲眞，竟縱身跳下去，跌倒在平地。所以《變形記》和《李爾王》爲我們提供了在藝術作品本身中，藝術變爲眞實的例子。

存形與傳神

韓非《外儲說左上》記齊王問：「畫孰最難者？」畫工答道：「犬馬最難」，「鬼魅最易」。人們習見犬馬，容易看出畫得好不好，而鬼魅無形，就難以判斷像不像。可見古人早認爲畫能存形，要描摹得像。張彥遠《歷代名畫記》載陸機之言，就說「宣物莫大於言，存形莫善於畫。」

然而中國畫並沒有在存形方面充分發展，不講求形似逼眞，卻很早就提出傳神和氣韻的概念，主神似，不求形似。顧愷之還講「以形寫神」，謝赫《古畫品錄》論畫之六法，就把「氣韻生動」提到首位，而把「應物象形」、「隨類賦彩」列爲三、四。荊浩《筆法記》更區分似與眞，認爲

「似者，得其形，遺其氣。眞者，氣質俱盛。」歐陽修《盤車圖》：「古畫畫意不畫形，梅詩詠物無隱情。」沈括《夢溪筆談》稱贊說「此眞爲識畫也」，並且斷言「書畫之妙，當以神會，難可以形器求也。」蘇東坡說：「論畫以形似，見與兒童鄰」，更把形似極力貶低。董其昌認爲「畫家以神品爲宗極，又有以逸品加於神品之上者，曰：失於自然而後神也。」這就把摹寫自然與畫中極品對立起來。

國畫以文人畫爲正宗，講究韻味，不注重工筆技巧。其優點是好的作品有高雅的韻味和意趣，但缺點是寫實能力有限，不能惟妙惟肖地摹寫自然。明季顧起元《客座贅語》記載利瑪竇來華，給皇帝獻上的貢品有聖母和天主像，就驚嘆「其貌如生。身與臂手，儼然隱起幀上。臉之凹凸處，正視與生人不殊。」人問西洋畫何以能如此逼眞，利瑪竇就講了透視和投影之法，說「中國畫但畫陽不畫陰，故看之人面貌正平，無凹凸相。吾國畫家兼陰與陽寫之，故面有高下，而手臂皆輪圓耳。」西方從來以藝術爲摹仿自然，注重寫實技法，西畫在存形方面，也的確勝於講傳神和寫意的國畫。

時間藝術和空間藝術

認爲詩畫一律，在中國和西方都是很傳統的看法，然而這兩種藝術畢竟不同，各具特色。詩人和藝術家從不同角度，對詩和畫的藝術特性及表現能力作過不同論述。歐洲文藝復興時期，造型藝術取得極高成就，畫家和雕塑家也獲得較高的社會地位，繪畫成爲各門藝術的典範。達·芬奇說：「論表現文字，詩優於畫，論表現眞實，則畫優於詩。所以我認爲，畫優於詩。」在他看來，繪畫借助於解剖和透視，最能體現探索自然和追求實驗知識的科學精神，最能充分完成藝術摹仿自然的任務，所以繪畫高於詩。

到十八世紀，德國詩人和理論家萊辛（G.E.Lessing）著《拉奧孔》（*Laokoon*），指出繪畫是空間藝術，只表現瞬間片刻（Augenblick），詩則是時間藝術，可逐步展現事物發展的過程。繪畫選取的片刻具「包孕性」（prägnant），蘊涵發展的潛在勢能，詩則可以充分展示事物的變化過程，所以並非詩畫一律。萊辛以羅馬詩人維吉爾（Virgil）描述拉奧孔父子被海蛇咬死的一段文字，與著名的希臘拉奧孔群雕相比較，說明詩人可以把海蛇來纏繞拉奧孔父子的前後情形以及父子三人的痛楚描繪得淋漓盡致，雕塑家卻只能選取痛苦達到最極端之前的一刻，表現同樣的情節而盡量留有餘地，讓觀者以想像去補充前後發生的情形。畫家可以充分表現某一瞬間所見的一切，但無法表現時間上連續發生的事情。嵇康有詩句云：「目送歸鴻，手揮五弦。」在詩人，這算不得什麼造語非凡的警句，但《世說新語·巧藝》載顧愷之語：「畫『手揮五弦』易，『目送歸鴻』難」，說明中國古代畫家自己已經意識到描繪一個連續過程的困難。讀萊辛的《拉奧孔》，正可以幫助我們理解古人片言只語中包含的道理。

江山如畫

蘇東坡《念奴嬌》：「大江東去，浪淘盡，千古風流人物。故壘西邊，人道是，三國周郎赤壁。亂石穿空，驚濤拍岸，捲起千堆雪。江山如畫，一時多少豪傑！」洪邁《容齋隨筆》說：「江山登臨之美，泉石賞玩之勝，世間佳境也，觀者必曰『如畫』。故有『江山如畫』，『天開圖畫即江山』，『身在畫圖中』之語。」蘇東坡和容邁的話看似相近，說的卻不是一回事。詩中寫景說「江山如畫」，是靠文字、憑想像來體會山川之美，和眞到名山大川去登臨覽勝並不相同。詩文描寫眞實生動，那是藝術，實地欣賞山川之美，則是自然，甚或是旅遊。有時想像的虛構可以遠勝親眼所見的實景。到西安華清池，所見不過一個不大的水坑，白居易《長恨歌》卻寫得那麼美：「春寒賜浴華清池，溫泉水滑洗凝脂。侍兒扶起嬌無力，始是新承恩澤時。」至於詩中那位臨邛道士找到的仙境，「樓閣玲瓏五雲起，其中綽約多仙子」，更不是現實中所能得見的實景。

但丁《神曲》憑想像虛構天堂地獄之景，刻劃精微，常被譽爲眞切如畫（graphic style）。彌爾頓描寫亞當夏娃在伊甸園中快樂從容、天眞無邪的樣子，連魔鬼撒旦窺見了，也嫉妒得咬牙切齒（aside the Devil turned/For envy,yet with jealous leer malign/Eyed them askance.IV.502）。文學作品裡多的是詩人作家生花妙筆創造的美景，甚至眞實的風景，也往往因文人的題詠或藝術家的描繪而更吸引人。王爾德（Oscar Wilde）說：「Life imitates art far more than Art imitates life」（生活摹仿藝術遠多於藝術摹仿生活）。沒有印象派畫家的傑作，人們怎麼懂得欣賞濃霧中撲朔迷離的倫敦街景，小橋流水上銀色的霧氣？與大畫家泰納的名作相比，窗口所見西下的夕陽，豈不只能算得「很二流的作品」（a very second-rate Turner）？的確，東坡名句「欲把西湖比西子，淡妝濃抹總相宜」，不是使美麗的西湖變得更美嗎？

透視法與「掀屋角」

繪畫講透視，在西方是文藝復興時代一大成就。歐洲中世紀繪畫在遠近比例上，並無原則可循，到十五世紀，隨著科學興趣的增長，透視才成爲畫家普遍運用的法則。所謂透視，乃取一固定視點和視平線，所畫景物隨其與視點距離遠近確定大小，整幅畫面有如親見，給人以逼眞的幻覺。義大利畫家曼坦納（Andrea Mantegna）作於一四八〇年之《死去的基督》，就以首幅完善運用透視法之作品著稱於世。此畫採用特別的角度，從腳底看過去，基督的頭部在最遠端，所以躺在臥榻上的基督整個身軀縮得很短，而比例精確，使觀者有身臨其境之感。當時透視法也形成理論，如畫家皮埃羅·德拉·弗蘭切斯伽（Piero della Francesca）便有專著，謂「繪畫由三個主要部分組成，即構圖、透視、賦彩。」所謂透視，即「形象輪廓按比例縮小，各就其位。」達·芬奇《筆記》也說，繪畫第一要求有浮雕式的實感，而此實感之產生，則要「運用透視之三部分，即形體之清晰度愈遠愈弱，體積愈遠愈小，顏色愈遠愈淡」。

中國畫無透視，但並非不知透視之理。沈括《夢溪筆談》：「李成畫山上亭館及樓塔之類，皆仰畫飛簷，其說以謂自下望上，如人平地望塔簷間，見其榱桷。此論非也。大都山水之法，蓋以大觀小，如人觀假山耳。若同眞山之法，以下望上，只合見一重山，豈可重重悉見，兼不應見其谿谷間事。又如屋舍，亦不應見其中庭及後巷中事。若人在東立，則山西便合是遠境；人在西立，則山東卻合是遠境。似此如何成畫？李君蓋不知以大觀小之法。其間折高、折遠，自有妙理，豈在掀屋角也！」由此可知，李成已略解透視之法，但國畫山水並不求透視之眞，所以沈括認爲眞要用透視，只能見一重山而不能重重悉見，「似此如何成畫？」中西畫風之別，這又可著一例。

藝術與抽象的哲理

黑格爾《美學》給美的定義是「理性的感性顯現」。他認爲只有在古代希臘，感性藝術和理性內容才達於完美的平衡，所以藝術的黃金時代在希臘遠古，而自中世紀以來，依靠物質材料的藝術已無法充分表現精神內容。於是他說，藝術已經是「過去的東西。」只有在純思辨的哲學裡，理性或精神才得以復歸自身，哲學取代藝術，成爲理性顯現的形式。

這理論當然含有哲學家的傲慢與偏見，但也提出了一個重要問題，即感性藝術與抽象哲理之關係。哲學思辨亦須語言形式，但其形式可以較抽象，而在藝術，形式卻具體且與內容不可分。如果藝術不講感性形式而一味追求哲理或神秘經驗，超越具體形式去做哲學做的事情，就很可能造成自我異化。在藝術中談玄，往往變成故弄虛玄。某些現代藝術力求擺脫具體形式，表現抽象意識，結果愈來愈脫離藝術本身特點。二十世紀初立方體派、未來派、野獸派、超現實主義派等否定具象的重要，後來抽象藝術更擯除具體形象，其中怪誕的作品除非有人告訴你，否則你完全不知作者想表現什麼意思。結果是職業的批評家應運而生，其餘人心中卻不甚了了，只好人云亦云，隨聲附和。這幾乎造成安徒生童話《皇帝的新衣》所諷刺那種欺騙、愚昧和附庸風雅相結合的局面，看不懂的人因為別人說好，自己也說好，這就須得一個像天眞孺子那樣的勇者，敢於大膽喊出「皇帝沒有穿衣服」的眞話。

中國古人談玄，往往攀附禪宗。劉克莊《題何秀才詩禪方丈》早說：「詩家以少陵為祖，其說曰：語不驚人死不休；禪家以達磨為祖，其說曰：不立文字。詩之不可為禪，猶禪之不可為詩也。……夫至言妙義，固不在於言語文字，然捨眞實而求虛幻，厭切近而慕闊遠，久而忘返，愚恐君之禪進而詩退矣。」這話值得我們深思。

繪畫與時間的表現

萊辛《拉奧孔》以繪畫雕塑為空間藝術，詩為時間藝術，認為繪畫雕塑無法表現事物在時間裡的變化。這一看法有合理性，但也有局限。其實詩也可以像繪畫那樣細緻入微地刻劃，荷馬史詩《伊利亞德》（*Iliad*）第十八部有一百五十多行詩描繪阿基力斯的盾牌，詳盡細密，為西方所謂如畫之詩（ekphrasis）典範。這種詳盡描寫展示空間裡的事物，但不敘述時間裡的過程。到二十世紀，法國新小說（nouveau roman）更把純粹的描寫推到極端，一反傳統小說表現人物情節發展的敘述手法，往往詳盡刻劃細節而不講明時間的接續，打破或故意打亂時間觀念，可以說正是現代實驗性小說的一個特點。

另一方面，畫家也力求表現時間過程。一個最基本的方法是敘事畫，用連續畫面表現情節發展。從古代敘事壁畫到現代的漫畫和連環畫，都是明顯的例子。更有趣是畫家在同一畫面表現不同情節，如漢斯·麥姆林（Hans Memling）一四八〇年所作《聖瑪利亞的七件喜事》，從天使告知受孕到基督復活、聖母升天，在同一幅畫中描繪了聖母一生中七個不同時刻的場景。又如葛佐利（Benozzo Gozzoli）一四六〇年所作《莎樂美之舞》，在畫面中央描繪莎樂美爲希律王跳舞，左側畫施洗者約翰被砍頭，遠景畫莎樂美將約翰的頭獻給她母親。近代立方體派（Cubism）和未來派（Futurism）也都力求打破繪畫的靜態而表現時間中的動感，杜香（Marcel Duchamp）《下樓梯的裸女》就是其代表作。中國畫長卷也往往在同一畫面描繪不同場景，如明清以來許多畫家愛取白居易《琵琶行》爲題材，把敘事長詩變成一幅畫。現藏美國堪薩斯納爾遜藝術博物館明代仇英的《潯江送別圖卷》，就是這類長卷的名作。不同藝術都盡量超越本身局限，爭取獲得更豐富的表現力，而形式的局限正好是藝術家發揮創造性的機緣。

藝術和非理性的想像

藝術有別於抽象之哲理，不同於嚴密的科學，一個重要原因在於藝術須有超乎尋常的想像，可以不按常理來構造。十四世紀尼德蘭畫家玻什（Hieronymus Bosch）在奇特想像和形象的怪誕組合方面，就是一位罕見的奇才。他善於描繪中世紀神秘主義者所幻想的天堂，也更善於描繪他們想像的地獄。玻什所畫《最後審判》、《塵世享受之樂園》、《聖安東尼的誘惑》等作品，都充滿了奇形怪狀的魑魅魍魎，荒誕不經，匪夷所思。在幽暗的背景上，突然有惡夢中才可能出現的各種妖鳥怪獸、朽木枯株和毒魚蟲豸，它們隨意變幻，組合成妖魔鬼怪的軀體，折磨和吞噬有罪的靈魂。然而玻什所畫地獄鬼怪固然有陰森可怖的一面，卻又不無漫畫式的誇張，甚至帶著滑稽可笑的喜劇色彩。整幅畫面有幾乎是無可抗拒的吸引力，使你不能不仔細觀看每處細節，而在這當中，藝術家希望傳達的宗教和神秘的意義，也就靠奇特的形象和色彩進入你的頭腦胸懷。玻什作品的誇張和非理性想像，歷來都得到人們的贊賞。

沈括《夢溪筆談》講到書畫，也明確認識到評鑑藝術不能拘泥於常理。其說曰：「書畫之妙，當以神會，難可以形器求也。世之觀畫者，多能指摘其間形象、位置、彩色瑕疵而已，至於奧理冥造者，罕見其人。如彥遠《畫評》言王維畫物，多不問四時，如畫花，往往以桃、杏、芙蓉、蓮花同畫一景。予家所藏摩詰畫《袁安臥雪圖》，有雪中芭蕉，此乃得心應手，意到便成，故造理入神，迴得天意，此難可與俗人論也。」王維《袁安臥雪圖》早已失傳，但冬天雪景中居然有熱帶植物芭蕉蔥茂，當然是不問四時，不合常理。沈括肯定此畫自有奧理，雪中芭蕉也就成爲中國畫裡藝術不按常理最有名的例證。

靜物花卉的寓意

尼德蘭畫家玻什（Bosch）以描繪怪誕譎詭的形象著稱，但那看似荒誕的畫面，其實都含有寓意。如所畫魔鬼折磨死後伏罪的靈魂，乃中世紀宗教畫傳統題材，不外是懲惡勸善之意。西方即便有濃郁世俗色彩的靜物畫，也往往暗含寓意和哲理。這些畫大多描繪花卉水果、食品餐具、書籍樂器之類，色彩鮮艷，刻劃得窮形盡相，有強烈的質感，表現富有的市民階層對現實生活的滿足和希求。然而靜物畫並非只停留在物質表面，卻含有精神和宗教的寓意，即藝術理論名家潘諾夫斯基（Erwin Panofsky）所謂「隱蔽的象徵」（disguised symbolism）。如畫面是嬌嫩艷麗的鮮花，其中卻有幾朵已見枯萎，香甜可口的瓜果，卻有一個已開始霉爛，在華麗的桌布上，卻有蒼蠅、蜥蜴、蛇或別的爬蟲，這都在提醒人們物質速朽，人生短暫，美中總有不足。更明顯是以「虛妄」（vanitas）爲題目的靜物畫，畫面常有代表時間流逝的沙漏，飲盡的酒杯，燃盡的蠟燭或油燈，古舊的書籍或樂器，而中心則赫然是一髑髏，使人想起莎士比亞筆下，哈姆雷特在墳場見到宮廷小丑尤利克的頭骨，禁不住對人生無常大發一通感慨。

傳統國畫的花鳥，無論花卉翎毛、草木魚蟲，也往往寄託畫家的思緒情懷，有深意存焉。如王冕善畫梅，自題墨梅云：「吾家洗硯池頭樹，個個花開淡墨痕。不要人誇顏色好，只留清氣滿乾坤。」寒冬獨放的梅花，歷來是君子孤傲氣節的象徵。清初惲壽平自題所畫梅花，用意亦同：「古梅如高士，堅貞骨不媚，一歲一小劫，春風醒其睡。」《論語．子罕》：「歲寒，然後知松柏之後彫也。」畫家愛畫松、竹、梅歲寒三友，就是取《論語》文意。此外，蓮、菊、牡丹等花卉，都各有寓意。所以看畫即讀畫，不僅觀賞形象色彩，更須懂得圖畫蘊含的意味。

藝術想像與文藝批評

沈括《夢溪筆談》提到王維曾畫「雪中芭蕉」，認為雖不合常理，卻「造理入神，迥得天意」，不得以常理苛責之。可是他在同一本書裡，又批評杜甫《古柏行》：「霜皮溜雨四十圍，黛色參天二千尺」，說「四十圍乃是徑七尺，無乃太細長乎？」王維「雪中芭蕉」固然是藝術的想像，杜甫「四十圍」而高「二千尺」之古柏，又何嘗不是藝術的想像？王維畫「難可以形器求」，杜甫詩何以就得按日常尺寸比量呢？朱鶴齡注杜詩，就說此句「皆假象為詞，非有故實」。仇兆鰲也說，這「只是極形容之辭，如《秦州》詩『高柳半天青』，柳豈能高至半天乎？」《孟子．萬章上》早謂：「說詩者，不以文害辭，不以辭害志」，並舉《雲漢》之詩為例：「周餘黎民，靡有孑遺。」說「信斯言也，是周無遺民也。」這就是說，詩裡的誇張不能照字面直解，「周餘黎民，靡有子遺」只是強調災害嚴重，並不是說周人遭災之後，死得連一個人也沒有了。

這裡就提出一個帶普遍性的問題，即藝術想像和理性批評之關係。藝術須合乎情理，而為了傳達強烈的思想感情，又往往需要誇張的表達。誇張與情理總形成一定張力，越界太過，就會使整個表達陷於崩潰。賀拉斯《詩藝》一開頭就說：「要是一個畫家決定在人的頭下面加上馬的頸項，再在肢體上添加取自各處的雜色羽毛，結果使一個臉上看去還算漂亮的女人，下面卻拖著一條奇形怪狀、顏色暗淡的魚尾巴，如果看見這樣一幅畫，你們能不發笑嗎？」後來的藝術早已創造出比賀拉斯所譏諷的還怪誕得多的形象，但他所表達的意思仍然值得我們注意。想像和理性，誇張和情理，藝術就是要平衡互相矛盾的各種要求，而能否達到完美的平衡，正可以見出藝術家才能天賦的高低。

Passion 21
五色韻母
Colors of Rhymes

作者：張隆溪
責任編輯：傅淑玫
封面設計：張士勇工作室
法律顧問：全理法律事務所董安丹律師
出版者：英屬蓋曼群島商網路與書股份有限公司台灣分公司
台北市10550南京東路四段25號11樓
TEL：886-2-25467799 FAX：886-2-25452951
email：help@netandbooks.com
http://www.netandbooks.com

發行：大塊文化出版股份有限公司
台北市10550南京東路四段25號11樓
TEL：886-2-87123898 FAX：886-2-87123897
讀者服務專線：0800-006689
email：locus@locuspublishing.com
http://www.locuspublishing.com
郵撥帳號：18955675
戶名：大塊文化出版股份有限公司

總經銷：大和書報圖書股份有限公司
地址：台北縣新莊市五工五路2號
TEL：886-2-89902588
FAX：886-2-22901658

製版：瑞豐實業股份有限公司

初版一刷：2008年11月
定價：新台幣250元
ISBN：978-986-6841-32-3

版權所有 翻印必究
Printed in Taiwan

國家圖書出版品預行編目資料

五色韻母／張隆溪著. -- 初版. -- 臺北市：
網路與書出版：大塊文化發行，2008.11
面；公分. --（passion；21）

ISBN 978-986-6841-32-3（平裝）

1. 言論集

078 97019863